Tirage certifié 2.000/2.200 exemplaires

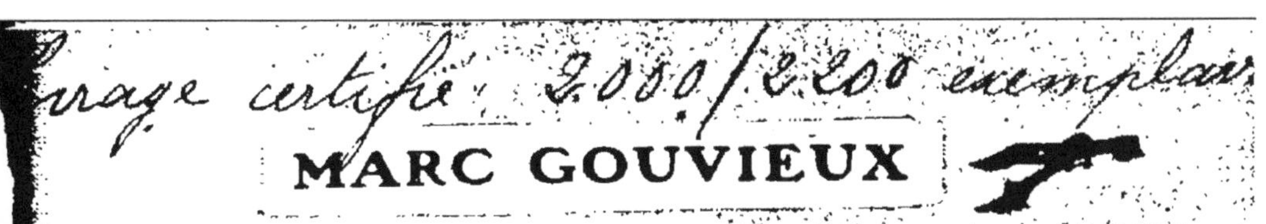

MARC GOUVIEUX

# NOTES D'UN OFFICIER

## (OBSERVATEUR EN AVION)

AF460161

EDITIONS PIERRE LAFITTE

# NOTES
D'UN
# OFFICIER OBSERVATEUR
# EN AVION

8° Lb⁴ 2855

## DU MÊME AUTEUR

A LA MÊME LIBRAIRIE

---

**HAUT LES AILES** (La guerre en Aéroplanes)

I volume (12e MILLE) ........... **3.50**

MARC GOUVIEUX

# NOTES D'UN OFFICIER OBSERVATEUR EN AVION

ÉDITIONS PIERRE LAFITTE
90, AVENUE DES CHAMPS-ÉLYSÉES
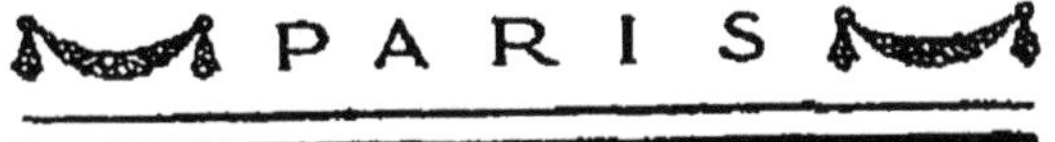
PARIS

Copyright by
HACHETTE and C° 1916.
Tous droits de reproduction,
de traduction et d'adaptation
réservés pour tous pays. —

# NOTES D'UN OFFICIER
## OBSERVATEUR EN AVION

### LA SURPRISE
### LE DÉPART

*27 Juillet 1914.*

Je viens de recevoir mon ordre de mobilisation ; j'ai ouvert avec une certaine curiosité l'enveloppe à cachets rouges, que l'État-Major de l'armée m'envoyait.

J'ai lu :

« *Capitaine V..., stagiaire à l'Ecole supérieure de Guerre, détaché comme observateur des Escadrilles de la VII$^{e}$ armée.*

« *Il devra rejoindre son poste, centre d'aviation de Belfort, le premier jour de la mobilisation, à la 10$^{e}$ heure.* »

Je replie tranquillement mon ordre. Me servira-t-il jamais ?

La mobilisation se fera-t-elle ? Ou bien, comme déjà deux ou trois fois dans ma carrière d'officier verrai-je s'éloigner l'espoir de la Revanche ?

*28 Juillet.*

L'angoisse augmente à Paris de jour en jour ; sur les boulevards, une foule anxieuse stationne, attendant les journaux. Les éditions sortent d'heure en heure. Elles sont arrachées et lues avidement. Foule calme, cependant, presque silencieuse, recueillie en face du drame qui va se jouer.

La Russie n'a pas encore déclaré la guerre à l'Allemagne. Mais elle a posé son ultimatum ; elle a fait connaître sa volonté arrêtée de ne pas permettre à l'Autriche et à son alliée d'égorger la petite Serbie.

Dans les couloirs de la rue Saint-Dominique, à l'État-Major de l'Armée, où une affluence inusitée d'officiers se manifeste, l'impression est à la fois optimiste et calme.

Si c'est la guerre, eh ! bien, on l'aura ; nous sommes prêts à l'accepter et bien en face, sans crainte. Mais l'Allemagne ira-t-elle jusque-là ? Surtout devant une France décidée, déterminée à ne plus céder devant les menaces teutonnes.

*29 Juillet.*

J'ai reçu l'ordre de rejoindre le Centre d'Aviation de Dijon où se trouve le groupe dont dépendent les escadrilles frontières de Belfort.

Nous sommes plusieurs à avoir reçu ces ordres individuels, nous enjoignant de rejoindre nos garnisons.

Serait-ce un présage ?

Dans l'incertitude du moment, tout fait banal prend une acuité extraordinaire. A la gare de Lyon, les trains sont déjà encombrés de militaires : des officiers, des polytechniciens sortis la veille de l'École et ralliant comme sous-lieutenants leurs régiments, des soldats permissionnaires.

Les conversations sont calmes en dépit de l'atmosphère lourde et énervante de juillet, et dans le train qui roule à travers la vallée de la Marne, rs la Côte-d'Or, je regarde défiler le paysage.

Jamais la campagne ne m'a semblé aussi jolie, aussi plantureuse ; jamais la nature ne m'a semblé aussi calme, aussi recueillie et indifférente aux tourmentes humaines qui se préparent.

Jamais la joie de vivre n'a été aussi vivace, le désir d'aller se reposer pendant la lourde chaleur, d'aller jouir du temps des vacances, n'a été aussi grand au fond du cœur de l'homme.

Ironie...

Demain, ce sera peut-être la guerre, la désolation pour cette campagne, le suprême sacrifice pour l'homme.

*31 Juillet.*

On dit que l'Allemagne aurait déclaré la guerre à la Russie.

L'Allemagne mobilise à outrance. La frontière française n'est pas encore fermée ; mais les relations sont de plus en plus difficiles. Les Alsaciens-

Lorrains qui sont parvenus à s'échapper par le duché de Bade et la Suisse nous racontent que depuis la fin juin, c'est-à-dire depuis un mois, les casernes allemandes du 15$^{e}$ et 16$^{e}$ corps sont consignées.

La troupe ignore les événements graves qui se préparent.

Défense de laisser pénétrer un journal. Évidemment l'Allemagne qui veut à tout prix la guerre contre la France mobilise en silence.

Elle va déclencher sur nous la fameuse *attaque brusquée* vers Lunéville et Nancy avec pour but de couper nos voies ferrées de la Moselle et de la Meuse et paralyser notre concentration... A moins que l'État-Major poursuivant son plan initial, audacieux, chimérique, ne viole la neutralité de la Belgique et ne s'avance par le Nord de la France vers Paris.

J'en doute.

Et nous, à quand la mesure préventive ?

A quand la mobilisation ?

C'est urgent,

*1er Août, Dijon.*

Enfin, nous venons d'être avisés officieusement de Paris que la mobilisation sera officielle à 5 heures.

Si c'est exact il faudra que je prenne le premier train et que je sois dans la nuit à Belfort.

*5 heures du soir.*

Dans la capitale de la Bourgogne toutes les cloches des églises se sont mises à sonner.

Une rumeur indicible monte des rangs de la foule qui attend, groupée sur les places et dans les rues, où l'on appose les affiches blanches de la mobilisation.

Déjà les crieurs publics commencent à parcourir la ville de quartier en quartier.

Au roulement du tambour, les maisons se vident et une foule recueillie, grave, entoure le crieur qui, d'une voix forte, lit :

## Ordre de Mobilisation Générale

*« Par décret du Président de la République, la mobilisation des armées de terre et de mer est ordonnée, ainsi que la réquisition des animaux, voitures et harnais nécessaires au complément de ces armées.*

*« Tout Français soumis aux obligations militaires doit, sous peine d'être puni avec toute la rigueur des lois, obéir aux prescriptions du fascicule de mobilisation (pages coloriées placées dans son livret).*

*« Sont visés par le présent ordre tous les hommes non présents sous les drapeaux et appartenant :*

« 1° *A l'armée de terre y compris les troupes coloniales et les hommes des services auxiliaires.*

« 2° *A l'armée de mer, y compris les inscrits maritimes et les armuriers de la Marine.*

*« Les autorités civiles et militaires sont responsables de l'exécution du présent décret.*

*Le Ministre de la Marine,*
GAUTHIER.

*Le Ministre de la Guerre,*
MESSIMY.

Pendant la lecture le silence impressionnant n'est coupé que par des sanglots étouffés de femmes. Les hommes, le regard énergique, écoutent : certains sont tête nue. Et; brusquement, quand le crieur a fini, un cri spontané, vibrant, émotionnant, s'élève :

Vive la France !

A la même heure, dans toute la France, les cloches se sont mises à sonner.

Dans les campagnes, de village en village, le tocsin a retenti, faisant savoir jusqu'au fond des bois les plus reculés, des montagnes les plus désertes, que c'était l'heure, la grande heure enfin arrivée.

Et tous, paysans, ouvriers, ont répondu à cette minute : tous ont quitté leurs travaux, leurs maisons, leurs familles, plantant là, la charrue, la bêche ou la cognée, et se mettant en route hâtivement, devançant leur ordre de mobilisation, pour être plus sûrs d'être à temps, pour défendre leur pays !

Et déjà ce soir qui est le premier jour de la mobilisation et où seulement quelques militaires spéciaux doivent rejoindre, ils sont là, des centaines d'hommes qui encombrent la salle d'attente et les trottoirs de la gare de Dijon d'où je m'embarque pour Belfort.

Ils sont là des centaines qui dorment harassés, ou qui, assis sur leur baluchon attendent le train qui doit les amener vers leurs régiments.

Dans cette affluence, dans cette foule hétéroclite de militaires, de mobilisés, de voyageurs, pas un cri, pas un chant. Partout les signes d'une volonté farouche, ardente d'être au rendez-vous.

Heures inoubliables, heures vibrantes.

Grandes heures où la France, que l'on croyait à jamais pourrie, décadente, se réveille, fière, unie, indomptable et déjà invincible.

*Belfort, 2 Août.*

Dans l'engourdissement d'une nuit en chemin de fer interminable, dans le wagon bondé de mobilisés qui rejoignent en hâte, nous nous éveillons. Nous approchons de Belfort. Partout, sur les routes, près des villages, des soldats ; et lors des arrêts du train, anxieux, on tend l'oreille, s'attendant à entendre la voix lointaine du canon...

A l'arrivée en gare de Belfort, une rapide émotion : sur les quais une triste rangée de civières s'allonge : des têtes souffreteuses émergent... Le bombardement serait-il déjà commencé ?... On s'informe : ce sont les bouches inutiles de la place qu'on renvoie, les malades des hôpitaux qu'on évacue, foule muette et résignée de femmes, d'enfants, de vieillards, portant leur fortune dans des baluchons, et qui attendent l'embarquement dans les wagons à bestiaux transformés en wagons à voyageurs...

Plus loin, dans un coin de la gare, parqués, entourés de sentinelles, baïonnette au canon, d'autres civils : ce sont les Allemands qu'on expédie par le dernier train, par Montreux-Vieux, vers l'Allemagne. Bon débarras !

La ville est lugubre : tout est fermé, volets, magasins.

Des patrouilles, des barrages militaires ; des détachements de cavalerie, d'artillerie qui défilent, débarquant de la gare, et par-dessus la ville recueillie le *Lion* de granit qui se dresse, émergeant fièrement au-dessus des vapeurs matinales de la « Savoureuse », tandis que le drapeau tricolore claque en dessus sur la citadelle...

Nous le regardons longuement, ce matin-là, le drapeau !

3 *Août.*

Angoisse de l'attente... Sera-ce pour aujourd'hui ? pour demain ? ou pour jamais ?... Il tarde d'en finir avec ce cauchemar pesant.

Les troupes continuent à affluer à Belfort. On les a reculées cependant à quelques kilomètres de la frontière : impossible de les tenir. Les hommes hurlent le soir dans les bois de Valdieu : ils veulent sauter à la gorge des Allemands : ce sont presque tous des soldats du Territoire de Belfort, et ils ont une haine vieille de quarante-quatre ans à assouvir...

Ce soir, sur la place Denfert-Rochereau, en face du Cercle Militaire qui sert de quartier général, un rassemblement se forme, des gens courent. Des uniformes gris vert, aux casquettes rondes, défilent entre deux gendarmes. Derrière, une civière portée par des Français suit.

C'est une patrouille de cavalerie allemande arrêtée en plein territoire, près de Delle : l'officier, un jeune lieutenant, a été tué : on rapporte son cadavre.

C'est le premier tué de la guerre. Un officier de dragons passe très vite : il montre le casque et le sabre à dragonne d'argent de l'officier allemand... Mélange de curiosité et de recueillement... Alors, c'est « pour de vrai » puisqu'*ils* attaquent ? alors on peut y croire ?

Et toujours la même question se pose dans les esprits : l'Angleterre marchera-t-elle ?...

Le soir tombe : un avion français évolue au-dessus de la place : on voit ses cocardes tricolores ; il descend, décrivant des orbes gracieuses ; il descend lentement, quittant comme à regret son observatoire...

De là-haut, il voit encore toute la terre d'Alsace, les routes de Colmar, de Mulhouse, de Fribourg, la frontière enfin qu'il lui est défendu, encore ce soir, de franchir...

*Belfort, 4 Août*

Alerte au champ d'aviation : un monoplan Blériot vient d'atterrir, en sautillant gauchement sur le terrain caillouteux du champ de manœuvres. Le pilote qui sort de l'appareil agite de grands bras, donnant des signes de stupéfaction : on s'empresse autour de lui. C'est S..., un pilote de réserve, arrivé de la veille et qui doit ramener vers les centres de l'intérieur les avions fatigués.

« — Ah ! mon vieux, fait-il, en continuant à agiter ses grands bras et avec le plus pur accent faubourien. Tu parles d'une ballade !...

— Eh ! bien, quoi, qu'est-ce qu'il y a ?... Tu as vu un Taube ?

— Non, mieux que cela... Tu sais bien qu'on était parti, moi et mon mécano pour ramener ce tacot à D...

Je pars, me disant : « itinéraire pour Besançon »... Mais voici qu'à 10 kilomètres d'ici, vers Montbéliard, v'lan, je suis brusquement pris dans la brume, vers 1.500 mètres, impossible de m'en sortir... C'est à peine si je voyais le bout de mon hélice...

Je me dis : « J'ai peut-être dérivé : je suis à Lure ou à Vesoul... Je ne connais pas votre c... de pays, moi... je suis de Pantruche. Alors je descends, en visant un bon emplacement, près de la ville qui était en-dessous... Atterrissage un peu dur dans un champ labouré. Nous sautons hors du capot... Je vois un paysan qui vient vers nous. Je lui crie :

— Eh ! le vieux ! où c'qu'on est ici ?...

Pas de réponse.

Je lui redemande en lui montrant la ville :

— Comment est-ce qu'il s'appelle ce patelin ?

Alors, voilà qu'il me sort une réponse à laquelle je ne comprends d'abord rien, sauf un mot que le vieux répète et qui m'éclaire subitement :

— *Mûlhausen... Mûlhausen,* dit-il dans son baragouin...

Ah ! mes amis, mon sang n'a fait qu'un tour. J'ai compris.

— Hop, hop, Marcel, à l'hélice... f... le camp : nous sommes en Alsace !...

Je saute dans le capot... Par bonheur, l'hélice veut bien partir. Pétarade du moteur ; fuite éperdue du vieux en entendant ce bruit qu'il doit prendre pour des détonations, et arrivée au bout du champ de militaires... L'avion s'élance... Je tire sur la cloche, il monte, il monte péniblement rapport aux remous de chaleur ; en plus il était orienté face à ce sacré Mulhouse. Et voilà que j'entends un bruit désagréable à mes oreilles. Des balles qui sifflent... J'en ai chaud. Je continue à grimper, 500, 1.000 mètres, je contourne la ville : mais voilà qu'on a dû voir mes cocardes. Je suis repéré. Quelle réception, mes aïeux ! fusillé de partout... Enfin ce n'est qu'au bout de 40 minutes que j'ai aperçu Belfort et ses étangs. Ouf !... me voilà ! »

Et comme son récit avait l'air de nous laisser sceptiques, il nous amène vers son appareil, dont les ailes sont criblées de balles... La toile vernissée est tachetée de petits trous.

A ce moment un coup de canon retentit : il vient de la citadelle...

Tout le monde surpris regarde la ville. Que se passe-t-il ?...

Une automobile militaire arrive en trombe sur le terrain de manœuvres. Un officier de la place en descend. « Ça y est », crie-t-il...

Alors nous comprenons tous...

Un grand silence se fait parmi les mécaniciens et les pilotes aviateurs, et nous regardons monter au-dessus de la citadelle la flamme blanche de guerre près du drapeau tricolore, tandis que le bruit des tambours et des clairons qui sonnent au champ arrivent étouffés jusqu'à nous par-dessus les hangars des dirigeables.

Il est dix heures : la guerre est déclarée...

## EN CAMPAGNE...
## EN TERRE D'ALSACE

*7 Août 1914.*

Sur la route poudreuse de Belfort à Cernay, près des dernières maisons de la Chapelle, dernier village français du territoire, notre batterie vient de s'arrêter... Il est quatre heures du soir.

Depuis le matin, l'attaque du 7e corps français de couverture progresse lentement dans les bois de Soppe, vers la plaine d'Anspach et les collines de Cernay. Coups de fusil, crépitements brefs de mitrailleuses qui éveillent les échos des bois et font fuir le gibier en bandes. Et, plus loin, vers Altkirch la voix plus grave du canon tonne... La batterie se range sous les arbres de la route, dissimulée en vue des Aviatiks de Mulhouse qui rôdent. Chevaux et conducteurs harassés sommeillent.

Cependant, notre batterie qui est en réserve a reçu l'ordre d'avancer jusqu'à la côte voisine.

Nous dépassons le dernier poteau de la douane française et... nous sommes en Alsace, en Allemagne !

L'émotion nous a pris : les hommes ne dorment plus, ils regardent autour d'eux comme si brusquement le paysage avait changé... Cependant c'est bien le même pays, la même route qui monte droite vers un bois de sapins. Mais, en haut, la maison de douane allemande se dresse fièrement, dominant le vallon avec ses volets peints en noir et blanc aux couleurs allemandes !

Pendant notre rapide inventaire, un paysan alsacien, face rasée, petit veston à manches de lustrine de la Haute-Alsace, nous a suivis et regarde ces ruines fumantes. Que se passe-t-il dans sa tête, lui qui depuis tant d'années a vu cette forteresse féodale dressée en face du pays de France ?

Je l'interroge : il ne comprend pas un mot de français, mais, dans sa haine contre les Boches, il brise à coups de bottes tout ce qu'il trouve à sa portée et, à chaque coup, il crie rageusement la seule phrase qu'il connaisse:

« Vive la France, N. de D. »

Je le laisse faire en songeant au petit fantassin français anonyme qui le matin même, à cette place, a eu la joie intense, lui aussi, de marteler à coups de talon l'aigle impériale du poteau frontière, l'aigle rouge et noire aux ailes déployées.

8 *Août.*

A peine arrivé ce matin au champ d'aviation de Belfort, le commandant de l'escadrille me fait appeler et pénétrer dans la petite baraque de tôle ondulée qui lui sert de poste de commandement, et là me donne des ordres pour l'exécution d'une reconnaissance au-dessus de l'Alsace et du duché de Bade.

Les renseignements que nous donnent nos espions depuis deux ou trois jours prétendent que des forces autrichiennes sont en marche par la vallée du Danube vers Fribourg et Mulhouse. Il s'agit de pousser jusqu'à Neuf-Brisach, Fribourg-en-Brisgau, de survoler la Forêt-Noire et de revenir par Huningue. Le gouverneur, le commandant veulent avoir le cœur net de tous ces bruits.

Je suis un peu ému : la première reconnaissance à travers l'Allemagne. Jusqu'ici nous n'avons volé que sur le front du combat. En reviendrai-je ?

*10 heures du matin.*

Il a fallu attendre jusqu'à cette heure que la brume de cette chaude matinée d'août se soit dissipée. Sur le terrain caillouteux du champ d'aviation, le Blériot, tout pimpant avec ses cocardes tricolores, est amené par l'équipe des mécaniciens.

T..., le pilote, un sous-officier aviateur à la figure intelligente et énergique, examine l'appareil en connaisseur, tapote les toiles vernissées et tendues, fait fonctionner les soupapes de son Gnôme.

— Alors, T..., d'attaque ?

— Ma foi, oui, mon capitaine. Un petit tour au-dessus des Boches... ça n'est jamais de refus.

Installation dans l'intérieur du capot ; mise en marche de l'hélice, ronflement, trombe de poussière à l'arrière, tandis que les mécaniciens arc-boutés tiennent la queue de l'avion.

T..., la tête dans son capot, calme, tripote ses manettes, fait jouer son volant de commande ; puis il lève les bras, fait signe de lâcher tout... et, brusquement, l'avion s'élance, en sautillant sur les inégalités du terrain, pour bien vite monter, léger et ardent, vers le ciel.

En bas, très vite, défilent sous nous, les étangs de Belfort, les bois de Volbert, les forts, les premiers contreforts des Vosges.

Devant nous, au contraire, se dresse une muraille grisâtre de brume qui nous cache le soleil et la terre d'Alsace.

T..., qui a vu la barrière, me crie en mettant sa main en porte-voix :

— Rien à craindre... c'est du beau temps. C'est toujours comme cela à la sortie de l'entonnoir de Belfort.

Zone de brume : froid vif, impression de jour

voilé... et brusquement, de l'autre côté, le soleil, les remous de chaleur et la plaine d'Alsace.

Penché sur le fuselage, je regarde sur les grands rubans de routes qui courent vers Cernay, Mulhouse, Altkirch, des points noirs qui se meuvent. Tout le 7e corps, toutes les divisions de couverture se sont portés hier et aujourd'hui en avant, ont pris d'assaut les retranchements d'Altkirch, se sont emparés des débouchés de Thann et Cernay, surprenant les Allemands par la vigueur, par la *furia* de leurs attaques. Un régiment, dit-on, est arrivé devant Mulhouse, l'a traversé.

Anxieusement, je cherche où peut être la démarcation entre la ligne française et la ligne allemande. Côté français, je vois bien du monde, des rassemblements dans les villages, sur les routes, dans les champs, mais côté allemand, je ne vois rien. Où sont-ils ? Se sont-ils évanouis ou bien se cachent-ils, se dérobent-ils supérieurement à nos vues ?... Je crains que cette dernière hypothèse ne soit la bonne et que leur discipline de combat et de cantonnement ne soit meilleure que chez nous.

Ce diable de soldat français ne veut pas se dissimuler : il croit que se cacher, c'est de la lâcheté ! Erreur funeste !

Voici Mulhouse qui apparaît distinctement, enveloppée dans les fumées de ses usines et de ses maisons, étalant la masse énorme de ses faubourgs entre les deux taches sombres des bois du Bonnenbruch et de la forêt de Hardt.

Voici enfin la ligne de feu : on distingue l'éclair des éclatements d'obus ; on se bat le long de la bordure de la forêt de Hardt, cette mystérieuse forêt qui — tous les Alsaciens réfugiés nous l'assurent — est minée, pleine de pièges, de fils de fer, d'embûches.

Je crie à T... :

— Longez la forêt... suivez le canal de Mulhouse au Rhin... Droit au nord vers Neuf-Brisach.

L'hélice et le moteur ronflent ; le vent chargé d'huile de ricin fouette la figure. De temps en temps sur la carte fixée sur la planchette posée sur mes genoux, je note un détail, et voilà que vers le nord-est le ruban argenté d'un fleuve se précise dans la plaine brumeuse: c'est le Rhin !

Le Rhin ! mon cœur bat d'émotion autant qu'à la première fois — et c'était hier — où j'ai pénétré sur le sol d'Alsace et dépassé le poteau frontière.

Contemplation et rêverie de courte durée. Neuf-Brisach est au-dessous de nous et des balles sifflent désagréablement à nos oreilles.

T... regarde son altimètre, puis tire sur la cloche de commande pour grimper plus haut. Mais l'air est chaud, peu portant, quelques ratés au moteur, et l'ascension vers les 2.000 mètres est lente, lente.

Les balles continuent à siffler ; un tendeur fait entendre un bruit métallique ; je vois près de l'aile droite un petit trou rond, net, qui vient de se produire sur la toile.

Et soudain, en dessous de nous, des coups sourds, comme si une bielle avait passé à travers le carter du moteur... Nous tendons l'oreille... Qu'est-ce que c'est ? Je regarde en me penchant en dessous.

J'aperçois trois ou quatre petits nuages blancs qui montent vers nous... des obus allemands.

Ce sont des batteries verticales installées aux abords des ponts du Rhin, qui doivent tirer sur nous, car leur tir est rudement précis en direction. La portée heureusement est mauvaise : 200 ou 300 mètres trop bas. C'est égal, j'ai chaud.

Pour ne pas penser au danger, je prépare à mon tour ma réponse.

La meilleure, c'est de les bombarder.

Aussi avec soin j'arme mes obus. Je visse les percuteurs dans leurs logements. Je vérifie si la petite hélice aérienne qui doit amener les percuteurs au contact de la pointe joue bien, sans à coups.

C'est parfait... Tout est à point.

Les obus ennemis deviennent de plus en plus rares ; nous surplombons le Rhin, les ponts et la gare de Brisach.

Voilà un but tout indiqué.

Je repère mon but ; je lâche la première bombe. Je la vois tomber avec une rapidité vertigineuse, en dépit du petit parachute de toile qui lui sert de guide... et, en bas, un éclair sur le sol... En plein sur la gare, non loin du pont de la voie ferrée.

T... fait demi-tour... Nous revenons au même point et, coup sur coup, je lance toute ma provision.

Joie âpre, joie sauvage ! Je voudrais jeter des kilogrammes de mélinite qui bouleverseraient cette gare et ces ponts !

*11 heures 15.*

Une fois dépassé le secteur de Neuf-Brisach et ses batteries verticales, la reconnaissance continue vers Fribourg ; je regarde et observe son nœud de voies ferrées — nœud stratégique de premier ordre, avec quatre voies divergentes, l'une au nord vers l'Allemagne, l'autre à l'ouest, vers l'Alsace, la troisième à l'est vers la Bavière, la quatrième au sud vers la Suisse et la France...

Je compte les trains en marche ; rien d'anormal du côté Bavière et par conséquent du côté de l'Autriche. Je crois que les renseignements des espions, sur les fameux six corps autrichiens doivent être fantaisistes... Nous faisons demi-tour, pour rentrer vers Mulhouse et Belfort, non sans avoir été salués de quelques balles et sans avoir répondu par des paquets de fléchettes.

*Midi.*

La route du retour est par Mulheim, Istein, Huningue.

Prudemment, l'expérience nous l'a prouvé, nous évitons les têtes de ponts, les forteresses et leurs canons verticaux.

En plus, le vent s'est mis de la partie : remous, trous d'air augmentent. Nous sommes abominablement *chahutés,* dans ce long couloir de la plaine d'Alsace, carrefour de tous les vents entre les Vosges et la Forêt-Noire.

T... commence à être fatigué : tension morale et tension physique à la fois ; il nous tarde de retrouver le sol, et le sol de France, d'autant plus que le moteur, depuis notre fusillade de Neuf-Brisach, a des ratés.

*Midi 30.*

Le commandant de l'escadrille nous a dit que le terrain d'atterrissage pour le retour serait à proximité du front, entre Burnhaupt et Anspach, et depuis quelques instants je cherche le signal qu doit nous indiquer le terrain repéré pour l'atterrissage des avions. Enfin je découvre la croix blanche réglementaire étendue dans un pré. T... pousse un « ouf » de satisfaction, et nous commençons à descendre.

L'avion se met à décrire des orbes de plus en plus serrées.

T... a coupé son moteur.

Le bruit du rotatif s'est peu à peu éteint.

Seule l'hélice continue à tourner par l'impulsion acquise.

L'air bruisse sur les plans en faisant entendre un sifflement caractéristique.

Les détails du sol à présent nous apparaissent très nettement, Les avions, les tentes-abris, les camions, les camarades qui sont en dessous et qui attendent non sans anxiété et curiosité.

Enfin l'avion décrit une dernière volte et se pose en sautillant.

Les camarades courent vers nous et nous entourent. Les questions se posent rapides.

— Pas de casse ?

— Non rien... Du moins à notre connaissance.

— Pas trop chahutés au-dessus du Rhin ? Du bon travail au-dessus des Boches ?

— Oui, je crois qu'ils nous ont senti passer... Mais quelle précision de la part de leurs canons-aériens ! Vrai... à 1.500 mètres on n'est plus en sécurité. — Il ne faut pas hésiter à grimper au moins à 2.000 mètres.

Le terrain d'atterrissage de l'escadrille est installé à la croisée des routes de Burnhaupt-le-Bas et de Burnhaupt-le-Haut. La flèche blanche indicatrice du point d'arrivée s'étale dans un pré qui longe le petit ruisseau de la Doller.

Il est midi. La chaleur d'août est lourde. Fatigué par la reconnaissance mouvementée du matin au-dessus de Neuf-Brisach, Fribourg, la Forêt-Noire, je me repose à l'ombre de mon avion, couché sous les ailes. Le canon continue à tonner vers Cernay et les Vosges, plus faiblement vers la forêt de Hardt.

La bataille traîne.

Pendant ce temps, dans ce coin de vallée d'Alsace, à quelques kilomètres de la ligne de feu, la vie a repris son cours normal après la tourmente d'hier et d'avant-hier ; les cloches d'Anspach et de Burnhaupt sonnent de la vallée ; quelques fillettes endimanchées sont descendues jusqu'à la route pour venir voir, curieuses, les avions de l'escadrille.

Ils sont là rangés le long de la route, l'hélice et le moteur contre les arbres : ils ressemblent à des chevaux attachés le nez au ratelier et qui dormiraient ; le dessus de leurs ailes est dissimulé par des branchages : d'en haut les Aviatiks qui rôdent prendront nos avions pour des buissons.

Ils deviennent terriblement indiscrets, d'ailleurs, ces Aviatiks. Les troupes commencent à les redouter, car depuis quatre jours nos soldats ont remarqué que toute incursion aérienne était suivie d'un réglage de tir d'artillerie sur les rassemblements ; aussi commencent-ils à se méfier. Heureusement que les effets du 77 ne sont pas terribles... D'une façon générale leurs obus éclatent trop haut, à 40 mètres au-dessus du sol : c'est de l'arrosage inoffensif.

* * *

Dans le demi-sommeil dans lequel je me trouve au retour de ma reconnaissance, j'ai été réveillé en sursaut par des coups de feu très proches. Je bondis de dessous l'avion et je vois l'escadrille et des troupes à côté de nous qui tirent vers le ciel ; certains tireurs sont même couchés sur le dos. Je demande :

— Qu'est-ce qu'il y a ? Pourquoi ce raffût ?

— Un Aviatik, mon capitaine... Là-haut, à droite du gros nuage !...



3.

A force de bien chercher je finis par découvrir un point noir dans le ciel. Je l'observe à la jumelle et finis par distinguer — bien difficilement d'ailleurs — la fameuse croix de fer, qui se détache en noir sur le fond blanc des ailes... C'est la première croix de fer que je vois ainsi ; je pensais que les avions allemands avaient une cocarde comme les nôtres. Tant mieux ce sera plus facile à reconnaître, car il est bien difficile, à 2.000 mètres, d'identifier un avion ennemi par sa forme.

Derrière nous le chef de l'escadrille, du haut du tracteur qui lui sert de poste de commandement, donne des ordres ; il lance trois avions à la poursuite de l'Aviatik.

Les pilotes se précipitent à leurs appareils... Ronflements de moteurs, départs successifs, et montée vers le ciel des ailes blanches.

Mais l'Aviatik, qui rôdait depuis dix minutes au-dessus des bois de Burnhaupt et d'Anspach, a vu de là-haut l'attaque française se dessiner et, sans attendre, il fait demi-tour, filant vers le nord-est, vers la vallée du Rhin, vers Mulheim où doivent être concentrées les escadrilles allemandes. Et, rageurs, d'en bas, nous regardons les nôtres qui péniblement essayent de prendre de la hauteur, tandis que le point noir allemand se perd de plus en plus dans le bleu laiteux du ciel.

## DANS MULHOUSE

*Burnhaupt, 4 heures du soir.*

Une auto militaire, venant de Belfort, vient d'arriver, portant de la part du commandement, des paquets de proclamations du général en chef destinées à être lancées au-dessus de l'Alsace et de la Lorraine.

C'est la fameuse proclamation du généralissime :

« *Nancy, 9 août 1914, midi.*

« *Enfants d'Alsace, après quarante-quatre années d'une douloureuse attente, des soldats français foulent à nouveau le sol de votre noble pays. Ils sont les premiers ouvriers de la grande œuvre de revanche. Pour eux, quelle émotion et quelle fierté ! Pour parfaire cette œuvre, ils ont fait le sacrifice de leur vie. La nation française unanimement les pousse, et dans les plis de leurs drapeaux sont inscrits les noms magiques du Droit et de la Liberté.*

« *Vive l'Alsace ! Vive la France !*

« *Le général en chef des armées françaises,*

« JOFFRE ».

Par liasses tricolores, les proclamations sont empaquetées : on les charge sur les avions, et ce soir et demain les petites feuilles bleues, blanches et rouges tourbillonneront de 2.000 mètres sur la terre d'Alsace, sur Mulhouse, Colmar, peut-être même sur Strasbourg.

Quelques minutes après l'arrivée de l'auto du quartier-général, nous apprenons par un coup de téléphone que Mulhouse est pris, que nos troupes l'ont même dépassé, emportées par l'élan et marchent vers la forêt de Hardt et le Rhin.

La nouvelle se répand rapidement dans les escadrilles. Émotion, joie, fierté. Mulhouse, quel nom évocateur...

A la popote, ce soir, le repas est gai.

La popote est installée dans une ferme alsacienne. Et la fermière qui ne comprend pas un mot de français, mais à laquelle nous répétons : « *Mülhausen kaput* », s'est associée à la joie générale.

Et l'on boit une vieille bouteille de Rieckwiehr, au col allongé et à la liqueur dorée...

*Mulhouse, 6 heures du soir.*

« Je viens d'être chargé d'aller « aux ordres » au quartier-général qui se trouve installé au sud de Mulhouse. J'en profiterai pour pousser jusqu'à la ville. A tout hasard, je charge dans l'auto un paquet de proclamations.

Mulhouse ! ce nom depuis hier au soir sonne dans nos esprits, évocateur d'une journée de triomphe... A la nuit tombante, le ...e d'infanterie, emporté par l'élan, précédé de patrouilles de cavalerie française galopant dans les rues, a traversé Mulhouse, drapeau déployé, musique en tête.

Minute d'enthousiasme indicible, et l'on songe

au vertige qui a dû secouer les spectateurs et les acteurs de cette scène historique, tandis que la *Marseillaise*, le *Chant du Départ*, la *Marche d'Alsace-Lorraine* emplissaient de leurs sonorités de musique militaire les rues de la ville, remplaçant le son aigrelet des fifres, le roulement triste des tambours plats allemands, et le bruit pesant des bottes au « Parad-March ».

Mulhouse, Mulhouse avec des drapeaux français, des cœurs français, des fleurs tricolores offertes aux premiers vainqueurs. Quel vertige !...

La route dévale des bois de Burnhaupt, le long de la vallée de la Doller, traversant les petits villages alsaciens aux noms sonores de Heinsbrunn, de Niedermorschwiller.

Partout des troupes en réserve cantonnées ; des couples d'artilleurs et fantassins se sont formés avec les filles d'Alsace, car c'est dimanche, et les filles ont mis leurs beaux atours.

Impression de grandes manœuvres plus qu'impression de guerre. A Niedermorschwiller le quartier-général est installé à la mairie, le fanion tricolore est accroché au balcon de fer forgé ; les gosses du village le regardent, muets d'étonnement.

En dessous, contre les murs de la mairie, il y a encore les affiches blanches de la mobilisation allemande, avec le nom du général commandant le 10e corps allemand. C'était il y a huit jours.

Passé Niedermorschwiller, voici Dornach, faubourg de Mulhouse. Les troupes deviennent de moins en moins nombreuses dans les cantonnements et sur la route : on sent qu'on se rapproche de la ligne de feu, dont le bruit faible s'entend au nord de Mulhouse...

Enfin nous roulons dans les premières rues de la ville.

Dans Mulhouse, aucune trace du combat ; seules quelques maisons éventrées dans le faubourg industriel de Dornach laissent voir les atteintes de l'artillerie française... Beaucoup de monde dans les rues. Les hommes nous jettent des regards peu sympathiques. Certains portent le brassard blanc et rouge aux couleurs alsaciennes. (Nous avons su plus tard que c'étaient des agents de police ayant abandonné leur costume.) Les femmes, au contraire, ont des regards joyeux et confiants. Avec une belle crânerie, elles sourient, disent bonjour de la tête, jettent quelquefois des fleurs au passage...

Arrêt devant le *Central*, la grande brasserie de Mulhouse. La salle est pleine de consommateurs, tous des *Boches* reconnaissables à leur tête ; comme c'est dimanche, ils ont envahi la brasserie et, placides, avec des regards haineux pour nous, ils consomment, tandis que le canon gronde à quelques kilomètres, vers Habsheim.

L'auto rangée contre le trottoir est bien vite entourée d'une foule qui, au contraire, est alsacienne et française de cœur ; notre chauffeur ayant eu l'imprudence de donner une proclamation à un des promeneurs, c'est une ruée autour de l'auto.

Femmes, enfants, vieillards, avec le ruban noir et violet de 70, nous entourent, nous supplient de leur donner un papier de France.

Nous les jetons par poignées, et c'est une bataille qui se livre autour de ces chiffons de papier où s'étale, en lettres françaises, la proclamation du généralissime aux Alsaciens.

A force de jouer des coudes, une fillette s'est approchée du marchepied et me dit d'un ton suppliant :

« Monsieur l'officier, j'en voudrais *un*... c'est pour mon père qui est malade... cela le guérira ! »

Comment résister à de pareilles sollicitations... et je donne — et nous donnons, mes camarades et moi, à pleines poignées, plus émus que nous voulons le paraître par cet amour fanatique pour la France.

Pendant ce temps, de la salle du bas du *Central*, les consommateurs boches assistent impassibles à cette scène ; mais ils n'en perdent, hélas, aucun geste, aucune parole ; et demain, quand nous aurons évacué Mulhouse sous la pression de forces supérieures, demain ils se souviendront et dénonceront, et ce sera la chasse au bout de chiffon de papier, ce sera l'emprisonnement, la fusillade, la répression sanglante par le fer et par le feu !

Pauvre Mulhouse ! Pendant ce temps, quoique

la ville ait l'air paisible, le bruit du canon semble se rapprocher... nous écoutons surpris sa voix qui semble toute proche vers le faubourg de l'Est...

Un Alsacien s'approche de moi près du marchepied de l'auto et me dit à mi-voix :

— Mon capitaine, n'ayez pas l'air d'écouter... nous sommes espionnés ; mais je viens vous dire... méfiez-vous... il y a des forces allemandes considérables qui se rassemblent dans la forêt de Hardt. Prévenez le chef français s'il est encore temps.

Surpris, je réponds, tout en ayant l'air d'être absorbé par une réparation dans le capot de l'auto :

— Vous êtes sûr de ce que vous me dites ? Je suis aviateur... et j'ai passé ce matin au-dessus de la forêt de Hardt, au-dessus des routes conduisant à Colmar, Fribourg et Huningue... il n'y avait rien, rien !...

— Rien d'étonnant, mon capitaine, ils font leurs mouvements de troupes de nuit à cause de vos avions... Croyez-moi, je suis sûr de ce que je dis... j'en viens... j'ai vu... on m'a même dit qu'il y avait trois corps autrichiens d'arrivés... mais je n'en suis pas sûr...

Perplexe, je réfléchis ! Cet Alsacien qui risque peut-être sa peau en me parlant n'a aucun intérêt à mentir...

Un cycliste militaire passe dans la grande rue. Je l'interroge :

— D'où viens-tu ?

— De la ligne de feu, là-bas à 5 kilomètres (et il me montre la direction de l'Est, celle du Hardt et d'Habsheim.)

— Ça chauffe ?

— Oh ! oui, mon capitaine... la moitié de la compagnie est par terre. Je vais prévenir en arrière qu'on envoie du renfort au bataillon... Il sort des Boches de partout !...

L'Alsacien doit avoir raison : il faut faire demi-tour et prévenir le quartier-général qui est à 8 kilomètres en arrière de Mulhouse.

De nouveau nous roulons dans les rues de la ville pleines d'une foule endimanchée et paisible de promeneurs qui ne se doutent pas de ce qui va se passer... Nouveaux bonjours des femmes et des enfants, nouvelles acclamations... Le canon tonne de plus en plus fort... Pauvre Mulhouse, demain, hélas ! quel réveil terrible et impitoyable pour lui !

*11 heures du soir.*

L'escadrille est toujours campée dans les prairies d'Anspach-le-Bas.

Les tracteurs sont rassemblés autour des avions et depuis le coucher du soleil, inactifs, nous attendons, angoissés...

Où est l'enthousiasme d'hier et de ce matin ?... Aussi dur que ce soit à avouer, c'est la retraite qui commence, retraite précipitée du 7e corps. Assaillie du côté de Cernay par des forces importantes amenées de Colmar, débordée du côté de Mulhouse et d'Habsheim par des masses d'infanterie rassemblées pendant la nuit dans la forêt de Hardt, l'armée française recule pied à pied, abandonnant le terrain qu'elle avait conquis si rapidement la veille.

Mulhouse a été évacué il y a quelques heures, à la tombée de la nuit, quelques instants après notre départ...

Et dans la nuit des incendies s'allument, incendies des malheureux villages alsaciens, Rothweiller, Niedermorschwiller, Illfurth, sur lesquels les Allemands se vengent, parce que ces villages ont trop bien accueilli les Français...

Le ciel est tout rouge ; il court une lueur sinistre à laquelle se mêle le crépitement de la fusillade ou le son grave du canon...

La grande route de Mulhouse à la frontière française le long de laquelle nous sommes installés avec nos avions et nos tracteurs est encombrée de convois qui retraitent vers Belfort, convois automobiles de ravitaillement, autobus poussiéreux, convois attelés de munitions d'artillerie et d'infanterie, convois du service de santé... Les premiers ont défilé dans un certain ordre, mais les derniers venus reviennent en désordre.

Derrière les convois apparaissent les troupes : infanterie, artillerie, cavaliers démontés...

Elles passent harassées par une journée de marche, de combat et de retraite... Voici les premiers blessés, couchés sur des charrettes alsaciennes longues et basses, pêle-mêle dans la paille... Voici les fantassins poussiéreux, pleins de sueur.

Puis, c'est l'artillerie qui essaye de doubler dans l'obscurité la colonne d'infanterie : impossible. Trop d'encombrement ; un caisson verse dans un fossé : emmêlement d'attelage, cris, jurons, ordres, plaintes des blessés, interrogations brèves toujours les mêmes.

— D'où venez-vous ?

— Beaucoup de pertes ?

— Quel régiment ? Quelle compagnie ?

Tout cela dans la nuit, sous la lumière de la lune, avec la lueur des villages qui flambent comme fond de tableau...

Toujours pas d'ordres pour l'escadrille... Le chef de l'escadrille, le capitaine B..., très calme, réunit ses pilotes...

C'est le moment dè filer... Inutile de se faire pincer ici par les Boches. Moi je vais m'occuper des tracteurs... Vous, messieurs, liberté de manœuvrer avec vos avions.

— C'est hasardeux dans la nuit, mais je compte sur votre adresse... Rendez-vous à Belfort.

Les mécaniciens sont à leur poste près des avions.

Le premier avion s'envole. On suit dans l'obscurité son vol, grâce au halo de flammes qui s'échappe du moteur rotatif...

T..., mon pilote, s'approche de moi.

— Venez-vous, mon capitaine ?

— Bien sûr.

— Je ne garantis rien dans la nuit... c'est pile ou face.

— Allons-y, nous verrons bien.

L'avion s'élance et, dans le noir, nous montons. Impression étrange de monter ainsi dans la nuit, tandis que, en dessous, la terre est encore plus sombre, seulement piquée par les feux des villages incendiés.

Il était temps, les dernières chaînes de tirailleurs français traversent en courant le terrain d'atterrissage sous les balles.

## LA 2e CAMPAGNE D'ALSACE
## AVEC L'ARMÉE PAU

*15 Août.*

Le mouvement de recul du 7e corps a obligé nos troupes — qui follement avaient couru sus à l'ennemi et avaient été entraînées dans leur élan jusqu'au Rhin — de venir se reformer à l'abri du canon de Belfort, Mais cette fois c'est une véritable armée qui se concentre, composée du 7e, du 14e et du 21e corps. Elle commence à débarquer à Belfort et Giromagny — elle s'appelle l'armée d'Alsace — et le commandement vient d'en être donné au général Pau, l'héroïque mutilé de 70...

L'État-Major, le quartier général sont établis à Belfort, à l'hôtel du *Tonneau d'or*. Le grand hall de l'hôtel, auparavant désert, est empli d'une foule d'officiers de tous grades, de personnalités alsaciennes réfugiées à Belfort devant les massacres et les représailles allemandes.

Vu Zislin, Hansi, réfugiés de Colmar, vu arriver un médecin-major à quatre galons, au courage indomptable et à la foi aviatrice ardente, le sénateur Reymond.

Ce matin même il a débarqué à notre champ d'aviation et a demandé à faire une reconnaissance pour tâter l'air.

Il est parti vers le Rhin, Istein et Fribourg-en-Brisgau.

Reconnaissance pénible, à haute altitude. Aussi ce soir à l'hôtel un peu surpris par le grand air au sortir de la vie surchauffée de clinique ou du Parlement, le sénateur Reymond a eu un malaise passager.

Dans le vestibule de l'hôtel, en pleine conversation, il s'est écroulé pris par une syncope. Nous l'avons couché sur un des tapis du salon, mais cet homme à l'énergie incroyable s'est bien vite remis et répond aux aviateurs anxieux qui se penchent vers lui :

— Ce n'est rien. — Demain je repartirai, l'acclimatement est un peu dur — c'est la faute du grand air d'Alsace... Cela passera.

Grande figure, grand cœur, grande intelligence — et grand Français !...

A nouveau, l'armée d'Alsace a poussé de l'avant, reprenant dans une offensive nouvelle, Dannemarie, Altkirch, Cernay, Soppe, Mulhouse, établissant ses avant-postes sur les lisières du Hardt, poussant des patrouilles jusqu'en face du Rhin et d'Huningue, et vers le Nord jusqu'au delà de Colmar...

Nous sommes plus que jamais pleins d'espoir.

Serait-ce cette fois la grande marche en avant vers Strasbourg, ou bien, en franchissant le Rhin, vers le duché de Bade et l'Allemagne du Sud ?

. . . . . . . . . . . . . . . . . . .

*Cernay, 20 Août.*

Depuis deux jours nos escadrilles sont à nouveau à Cernay, Cernay coquette ville alsacienne, bâtie le long des contreforts voisins des Vosges, Cernay que les Boches ont naturellement débaptisée et germanisée en *Seutheim*.

Après un combat acharné de deux jours, autour de ses vergers et de ses bois, les vieilles maisons alsaciennes de la ville sont à nouveau françaises. Au sommet du clocher de la cathédrale flotte le drapeau tricolore.

Ce sont les chasseurs alpins de la ...e brigade qui après avoir pénétré les premiers dans la ville, ont planté l'emblème national.

Nous interrogeons la patronne de l'hôtel où 'état-major français est descendu :

— Alors, les Allemands se croyaient cette fois sûrs de leur affaire ?

— Oh ! oui ! monsieur le capitaine. Ils nous demandaient tous : « A combien de kilomètres, Belfort ? »

Et comme à dessein nous exagérions toujours la distance, ils ajoutaient, imperturbables et confiants : « Cinquante kilomètres !... Cela ne fait rien ; nous y serons demain... D'ailleurs, nous devons être le 20 à Paris, aimable demoiselle ! » Le 20 à Paris ! Monsieur le capitaine, ils m'ont l'air d'avoir pris la direction opposée.

— Et dites-moi, ils ont rapidement évacué Cernay ?

— Ah ! monsieur le capitaine, ce ne fut pas long ... Si vous aviez vu le déménagement de l'état-major qui était logé ici dans la salle du « Casino » ! ...Ce ne fut pas long... et heureusement pour eux, car les premiers chasseurs français arrivaient quelques instants après... On a tué deux ou trois re tardataires dans les maisons.

— Et vous êtes contents d'avoir vu revenir les pantalons rouges ?

Alors la jeune femme, Alsacienne au visage triste, prend un temps; puis fixant ses yeux résolus sur nous :

— Oui, nous sommes contents de redevenir

Français... et cependant cela m'est dur de dire ce mot, quand je songe que mon mari, mon frère, mon beau-frère sont depuis le 1er juillet dans l'armée allemande, et que demain ils auront à se battre contre nous.

Ah ! monsieur, quelle tristesse ! La guerre, pour nous gens annexés, est certainement deux fois plus dure que pour les autres !

Le combat a dû être violent dans les faubourgs de Cernay. A l'entrée de la route de Cernay à Thann, des tombes, des croix. Sur la grand'route de Cernay à Colmar, prés qui s'étagent sur les pentes du Harmanswillerkopf, le combat a été encore plus acharné ; on voit qme la terre a été fraîchement remuée et, nombreuses et recueillies, des femmes en deuil prient.

Ce sont des fosses communes où les morts ont été empilés en rangées superposées, quatre par quatre. Sur les tombes françaises, des mains pieuses ont tracé avec des fleurs le chiffre du régiment. Sur les tombes allemandes, pas de fleurs... Seule une croix, et quelques casquettes grises jetées sur la terre.

*Harmanswiller-Dorf.*

Depuis hier nous sommes installés avec l'escadrille dans le village d'Harmanswiller, bâti au pied des sapineraies sombres de l'Harmanswillerkopf.

Le hasard du cantonnement m'a logé chez la femme du gendarme de l'endroit.

Son mari a naturellement filé sur Colmar et Strasbourg avec *Kreissdirector* de Cernay et les autorités allemandes. Elle a, comme nous disons, nous militaires, dans notre langage énergique, elle a vraiment une sale g... la femme du *Polizmeister*, le regard fuyant, obséquieuse.

Dans sa chambre trônent les inévitables chromolitographies représentant l'empereur, la kaiserin, toute la famille impériale. Quand j'ai donné l'ordre à la femme du gendarme d'avoir à dépendre et à dérober à nos yeux ces tableaux, pour nous séditieux, elle s'est mise à se lamenter, comme si on lui enlevait sa fortune.

« *Mein Kaiser ! Mein Kaiser !* » pleurnichait-elle, tout en obéissant.

21 *Août.*

Nos avions sont campés face à l'Harmanswillerkopf, face à la barrière des Vosges qui tombe à pic dans la plaine. Le champ d'atterrissage borde la grande route de Cernay à Colmar et Strasbourg. C'est le lieu de passage de toutes les unités, de tous les convois, des estafettes qui montent vers le Nord, vers Colmar et, de là, font la liaison avec les détachements français qui gardent les cols des Vosges.

Depuis hier, les reconnaissances sont interrompues ; le temps est bouché, brouillard bas qui empêche de voir au delà de 600 mètres, brouillard descendant des Vosges.

Couché dans un tracteur d'escadrille, j'attends les événements. Un bataillon de chasseurs à pied qui remonte vers Colmar s'est établi près de nos avions...

Soudain, dans le ciel voilé de brume, nous entendons un ronflement de moteur... Toute l'escadrille, pilotes, mécaniciens regardent... Qu'est-ce que cela peut être ? Un avion ?... Nos avions sont tous là...

Un Zeppelin ?...

Le ronflement continue ; on dirait que l'avion perdu dans les nuages, tourne au-dessus de nous pour chercher sa route ; et soudain, à 700 mètres à peine, on voit un point noir qui émerge... C'est un avion, un biplan... puis un cri : « *Un Aviatik !* »

Pas de doute, les deux « croix de fer » noires apparaissent sous les plans, se détachant sur des carrés blancs.

Le bataillon de chasseurs a pris les armes, et une fusillade intense retentit ; l'avion surpris, essaye de sortir du guêpier et de rentrer dans les nuages.

Mais, tout à coup, on n'entend plus de bruit.

Le moteur s'arrête et l'avion commence à descendre.

La sonnerie de « Cessez le feu » se fait entendre.

Avidement, nous suivons les voltes de l'avion, qui, moteur arrêté par une cause inconnue, descend, et, dans un dernier virage, vient atterrir à 800 mètres de notre terrain...

Ruée en auto vers l'avion...

C'est bien un Aviatik.

Son fuselage lourd, ressemblant à celui du Bréguet, repose sur la prairie. Nous approchons carabine à la main. De la nacelle, une silhouette surgit, levant les mains.

En français, le pilote crie :

— Prisonnier !... prisonnier !

Il descend et, se figeant dans la position militaire, se présente au chef d'escadrille :

— Lieutenant von H..., 3e grenadiers wurtembergeois, aviateur.

Nous rendons le salut.

Alors se tournant vers l'avion :

— Mon capitaine, mon passager, le capitaine

d'état-major von T..., est grièvement blessé. Pourrait-on lui porter secours ?

Nous n'avions pas vu le blessé, affaissé dans le fuselage ; mare de sang sur le siège, le tablier de tôle.

Le blessé évanoui ne bouge pas. Une balle l'a traversé près de l'aine et est ressortie par le ventre ...On l'étend sur l'herbe.

Le docteur hoche la tête.

— Foutu ! Blessure au ventre...

On l'emporte à l'hôpital de Cernay, tandis que le pilote, ramené par deux officiers de chasseurs, évacué sur l'arrière.

La joie des hommes, chasseurs à pied, mécaniciens, devant cette superbe prise de guerre, fait plaisir.

Nous cherchons la cause de la panne... et on finit par la découvrir. Trois balles, dans le fuselage ont seules porté. La première a fait un petit trou dans le gouvernail, sans rien briser. La deuxième a frappé l'officier observateur... Quant à la troisième, après avoir ricoché sur le moteur, elle est venue mâcher l'unique petit tuyau qui amène l'essence du réservoir au moteur.

— La fatalité ! dit un soldat derrière moi.

Le fait est qu'elle s'est appesantie sur l'avion, pour avoir permis à la balle d'aller frapper ce petit espace de quelques centimètres et provoquer la mâchure qui a arrêté le moteur.

— Mais il est intact, ce coucou, crie le grand S... qui est déjà installé aux commandes. Mon capitaine, est-ce que vous permettez de faire un tour dessus ? . . . J'irai évoluer au-dessus des Boches...

— Allons, vous êtes fou... Vous ne ferez pas deux kilomètres avant d'être abattu par les Français... et cette fois cela pourra vous coûter plus cher.

— C'est dommage, dit S... désolé... Quelle bonne blague ce serait d'aller passer au-dessus d'eux à 100 mètres !

Mais il faut y renoncer, et l'on se contente de mettre en marche le moteur pour faire rouler l'appareil jusqu'à la route.

Il n'y a aucune possibilité de le faire voler jusqu'à Belfort.

Malgré toutes les précautions, les avertissements, il y aurait affolement général et canonnade certaine.

L'autre jour notre propre dirigeable n'a-t-il pas été canonné à la rentrée au hangar ?... Et n'avons-nous pas déjà deux de nos avions fusillés et descendus par les nôtres à la suite de méprises !

L'Aviatik est parti ; il s'en est allé par la route, porté sur une charrette alsacienne ; longtemps je vois ses croix de fer qui se détachent sur ses flancs vert grisâtre.

Il s'en va vers Belfort ; et je songe à la joie, à la fierté de cette vaillante population, quand il sera remonté, selon les ordres du gouverneur, sur la place de Belfort, au milieu des batteries de 77 prises aux Allemands, devant le groupe superbe de *Quand même !* représentant une Alsacienne soutenant un blessé français, à deux pas du lion de granit dressé, menaçant, vers l'Allemagne.

Cette fois, c'est un adieu définitif à l'Alsace, à Mulhouse, à Colmar, aux horizons de plaine alsacienne et aux pentes des Vosges. Volontairement, pour des causes stratégiques que nous ignorons, nous abandonnons le territoire conquis ces quinze derniers jours et nous ne conservons que les avancées de Thann et de Dannemarie. Mais l'ennemi, a reçu des leçons si rudes qu'il n'a même pas osé profiter du recul et que, entre lui et nous, un vide se fait... Et les convois d'artillerie, d'infanterie ; les régiments de cavalerie, dragons, chasseurs d'Afrique ; les bataillons de chasseurs alpins défilent sur les routes, les uns remontant vers la Lorraine, par Colmar ou Schlucht ou Thann, les autres regagnant Belfort pour s'embarquer vers la Meuse, vers la Belgique...

Nous ne savons que peu de chose, juste ce que nous disent les communiqués laconiques... Mais une certaine angoisse pèse. Nous tous avons la sensation que la grosse partie se joue là-haut, entre Meuse, Sambre et Lys... Déjà des échos de la bataille de Charleroi parviennent jusqu'ici...

indécise, dit-on. Et l'on parle surtout de l'action héroïque des troupes noires allant tuer, presque dans son poste de commandement des troupes de la garde, l'oncle de l'empereur. Malgré ces assurances, une impression de malaise règne.

Le général Pau vient de faire ses adieux à ses troupes. Son armée est dissoute. Devant la ruée allemande en Belgique, l'Alsace devient un théâtre secondaire... Je reverrai toujours la silhouette du chef, sa belle tête blanche de militaire, et ses yeux si vifs, l'affabilité du salut, l'ensemble qui révélait le chef et l'homme de cœur.

## AUTOUR DE BELFORT
## RECONNAISSANCES AÉRIENNES

L'armée d'Alsace est dissoute. Ses unités se rembarquent, remontant vers le Nord.

Du coup Belfort redevient la grande et puissante forteresse du commencement d'août, chargée d'empêcher l'armée allemande de passer par la Franche-Comté, la Bourgogne et de prendre à revers l'armée française...

Le canon tonne faiblement.

Les Boches n'ont pas l'air de vouloir attaquer la ville.

Ils savent, par les leçons sanglantes de Dornach et de Mulhouse, que l'artillerie française est redoutable.

Nos escadrilles d'armée, attachées à l'ex-armée d'Alsace sont devenues escadrilles de place forte et opèrent pour le compte du gouverneur.

Métier moins passionnant que celui d'aviateur

en rase campagne ; métier plus absorbant et auquel notre désir de pousser de l'avant se plie mal.

Et nous envions les camarades plus fortunés qui sont partis avec le gros des armées françaises vers la Belgique.

— Ça, c'est du sport! comme dit R..., le benjamin des pilotes, et qu'aucune reconnaissance périlleuse ne rebute.

*Belfort, 26 Août, 5 heures.*

Le gouverneur vient de m'envoyer avec S..., mon pilote habituel, reconnaître les positions de l'ennemi qui, n'osant pas garder le contact avec nous, reste invisible, terré dans le Hardt ou dans les bois au nord de Mulhouse et de Cernay.

Brouillard froid et gênant au-dessus de la vallée de la Savoureuse. Le moteur bafouille un peu... Nous prenons un départ mouvementé avec l'impression que l'avion ne montera pas au-dessus des crêtes qui clôturent le terrain de manœuvres. Nous survolons les forts, les batteries, les ouvrages formidables qui barrent l'accès du territoire... et nous voici de nouveau au-dessus de Dannemarie et d'Altkirch.

Quelques points noirs, quelques lignes blanches sur les chaumes nous indiquent la ligne des tranchées françaises qui attendent paisiblement l'ennemi... Quant aux Boches, toujours invisibles ! Rien sur la route d'Altkirch à Huningue, rien sur la route d'Altkirch à Mulhouse. Évidemment les terribles leçons de Montreux-Vieux, les canonnades de Dornach où ils ont appris à connaître les ravages de « l'artillerie du Diable » (comme ils nomment nos 75) ont rendu les Boches circonspects !

Et depuis une heure nous fouillons la région Rhin et Hardt, entre Hardt et Vosges... Soudain, non loin de la route d'Huningue à Altkirch, le moteur qui tournait rond fait entendre un raté, puis un deuxième... Je vois S... inquiet, qui tend l'oreille !... Nouvelle série de ratés. S... tripote les manettes de l'admission d'essence. Le moteur reprend un son normal et franc. Poids en moins sur le cœur. C'est qu'une panne au-dessus du pays n'a rien de bien agréable... Mais c'est une joie de courte durée... Nouvelle série de ratés, deux ou trois coups sourds, et le moteur s'arrête brusquement, tandis que le grand silence de l'air fait place au ronflement assourdissant du rotatif.

Immédiatement, S... a piqué son appareil pour le mettre en descente en vol plané.

Je lui crie :

— Ça y est ?... la panne ?

— Eh oui, la panne, mon capitaine. Je crois que nous ne reverrons pas de longtemps la France, cela doit être bondé d'Allemands, en dessous dans les bois.

— A quelle hauteur sommes-nous ?

— 2.100 à l'altimètre ; comme le terrain est à 400 mètres au-dessus du niveau de la mer, cela doit faire 1.700 mètres d'altitude absolue.

— Combien de fois sa hauteur votre avion plane-t-il ?

Trois fois environ, quatre fois à force d'équilibre. Mais ce n'est pas le jour des remous !... des coups de tabac ! Je calcule que trois fois la hauteur de l'avion, cela fait un rayon de 5 kilomètres... Impossible d'atteindre nos lignes, elles sont à 15 kilomètres au moins.

L'air continue à bruisser sur les ailes, tandis que S..., de plus en plus inquiet, fait des voltes serrées, cherchant à atterrir dans une clairière solitaire du côté de la route d'Helfranzkirch à Huningue.

Toujours rien ; pas de coups de feu... Dernière volte au-dessus de la clairière et posée de l'avion sur le sol caillouteux.

Nous sautons à bas de l'avion. Tandis que S... regarde tout de suite son moteur, j'ai pris ma carabine. Je débouche un bidon d'essence prêt à l'enflammer et à le jeter dans le capot si nous sommes attaqués.

— Faites le guet, mon capitaine ; je regarde la panne, me crie S... Et il tâte les cylindres.

Je l'entends qui ronchonne, tandis que je surveille l'horizon.

— Sacré moteur. Toujours la même panne d'allumage.

— Vous pouvez réparer ?

— J'espère, mon capitaine, si j'ai cinq minutes de tranquillité sans Boches.

A ce moment, dans les bois au nord d'Helfranzkirch, dont j'aperçois le clocher dans les futaies, il me semble voir une ombre qui passe à flanc de coteau, contre des pommiers. Je regarde à la lorgnette. C'est un cavalier. Je crie à S... de se presser, et je continue à observer.

Impossible d'ailleurs de nous dissimuler. La tache blanche de l'avion, sur la terre brune et le fond de bois, doit se détacher en vigueur et servir de cible. Voici un deuxième, puis un troisième cavalier. C'est une patrouille de cavalerie... Mais impossible de distinguer... elle aussi a disparu, s'est tapie dans un vallon ; et je la *sens* qui doit cheminer vers nous, essayant de nous encercler.

J'arme ma carabine pendant que S... fièvreusement travaille à revisser les bougies. Je regarde de tous mes yeux, j'écoute de toutes mes oreilles vers la forêt... A 400 mètres à ma droite, il me semble qu'un buisson a bougé... Et soudain galopade de chevaux et cris poussés en français.

— Rendez-vous !

Deux ou trois balles sifflent au-dessus de nous et, à mon grand ahurissement, je vois déboucher la lance haute une patrouille de dragons français.

Ils ne nous reconnaissent pas sous nos combinaisons d'aviateurs et doivent nous prendre à leur tour pour des Allemands.

— Tirez pas, N... de D..., Français... Aviateurs français.

Méfiants, les cavaliers s'arrêtent ; le chef de patrouille crie :

— Haut les mains, d'abord !

Nous lâchons tout ; S... sa clef anglaise et moi ma carabine, et je lui crie :

— Pas de blague, camarade, aviateurs de Belfort. Capitaine V..., breveté d'État-Major.

C'est égal. J'ai bien cru que cela y était, qu'il fallait faire flamber l'avion et essayer de vendre sa peau en filant dans les bois vers Dannemarie

Le reste de la patrouille française sort des taillis. Le mouvement a été parfait ; nous étions encerclés. Je félicite le chef de patrouille, un jeune lieutenant de dragons auquel nous demandons protection pendant la réparation. Et nous causons. Ah ! l'étrange histoire que ce jeune blondin de vingt-cinq ans à la figure fine et énergique me raconte.

La voici — telle qu'il me l'a narrée :

Lancé en reconnaissance d'officier au delà d'Altkirch par son escadron de découverte, il a poussé droit dans la forêt de Hardt ; il a traversé, évitant les villages, la mystérieuse forêt et il est arrivé *jusqu'au Rhin*. Au Rhin ! Je le lui fais répéter. Je ne peux y croire. Tranquillement, il me raconte sa reconnaissance de quarante-huit heures dans les bois, marchant de nuit, se blottissant le jour, se faufilant, arrivant au débouché du Hardt sur les chenaux du Rhin, et faisant boire ses chevaux au Rhin !

Je revois sa figure illuminée d'enthousiasme en me disant ce mot.

— Pas de mauvaises rencontres, mon cher camarade, pas de casse ?

- Rien. Juste une patrouille de dragons allemands que nous avons cerclée et sabrée... Cela n'a pas été long. Il n'en est pas resté un seul. A la pointe et sans bruit... ouvrage bien fait. Mon capitaine, grâce à cela, nous avons passé sans être inquiétés, sans donner l'éveil.

— Alors votre impression sur le Hardt et les mouvements allemands ?

— C'est qu'ils n'ont pas encore débouché du Rhin et qu'ils n'attaqueront pas de sitôt par le Hardt... Voyez, capitaine, l'effort est là-bas.

Et grave, il me montre la direction du nord-est, celle de la Meuse, de Neufchâteau, de Dinant, de Charleroi... Il a raison.

Oui, je crois que d'ici de longues semaines, le théâtre d'Alsace sera secondaire.

En tout cas, grâce à cette panne, j'ai eu une confirmation de ma reconnaissance, et le gouverneur sera fixé.

Le moteur est réparé. S... de nouveau a le sourire. L'avion est prêt à repartir. Dans vingt minutes nous serons à Belfort. La patrouille est partie vers la France ; elle s'est dispersée le long des bois, vers Altkirch. Je suis de l'œil la ligne des fourrageurs qui ondule, paraît, disparaît et s'arrête de crête en crête, tandis qu'au centre le chef montre la direction.

Je songe à sa joie puissante, à son orgueil d'avoir pu pousser jusque-là, d'avoir fait le geste historique de *faire boire ses chevaux au Rhin*, d'avoir été le premier et probablement le seul de toute l'armée à l'avoir fait.

## A L'ARMÉE
## DES VOSGES

*1er Septembre. Epinal. Armée des Vosges.*

Les escadrilles qui défendaient Belfort, à leur tour ont suivi le mouvement des troupes et remontent vers le Nord, vers la Lorraine, vers Épinal et Nancy, qui deviennent les deux grandes places fortes chargées de contenir la poussée allemande sur la Moselle...

Ce matin, à la pointe du jour, nos avions se sont envolés pour Épinal : ils sont partis un à un, et je les ai vus disparaître derrière les premières pentes des Vosges. Vu la nécessité de monter haut, les pilotes sont partis seuls, et nous, les observateurs et mécaniciens, nous prendrons place sur les tracteurs. Nous rejoindrons ce soir, à Épinal, les avions.

Autant l'échelon volant d'une escadrille est léger, rapide, autant l'échelon roulant donne une impression de force, de pesanteur et aussi de lenteur.

Ce sont d'abord les tracteurs de l'escadrille, sur lesquels les mécaniciens prennent place, au milieu des caisses d'hélices, des caisses de rechange pour avions et moteurs ; ce sont ensuite les gros camions du parc, portant tout ce qu'il faut pour alimenter les avions et le personnel d'aviation depuis l'essence, l'huile de ricin, jusqu'aux rations de viande et de pain.

Par les routes des Vosges, à travers les villages pleins d'une population ardente de patriotisme, nos voitures défilent à toute vitesse, dans un nuage de poussière, et aux haltes, nos tracteurs sont couverts de fleurs, de bouquets que les habitants nous lancent ou accrochent aux voitures...

Du côté des Plombières nous avons rencontré les premiers convois d'émigrés, venant de Saint-Dié, de Baccarat, de Lunéville, fuyant tristement devant l'invasion allemande.

Mais l'armée Castelnau a établi son barrage devant le Grand Couronné de Nancy, et, à côté d'elle, l'armée Dubail, retranchée sur la Meurthe, garde les routes des Vosges et d'Épinal...

Le canon tonne au nord et à l'est de la place, du côté de Baccarat, Lunéville et Saint-Dié. Des combats acharnés se livrent depuis le 25 août : il s'agit d'empêcher à tout prix les Allemands de mettre le pied dans la vallée de la Meurthe et de prendre à revers nos armées qui retraitent de Belgique sur la France...

Depuis que nos escadrilles sont arrivées, elles vont quotidiennement faire leurs reconnaissances dans la direction de la Meurthe et de Lunéville, afin de renseigner sur les mouvements de l'ennemi et d'essayer aussi de retarder sa marche par un bombardement aérien.

La forêt de Parroy — au centre de laquelle grouillent des masses ennemies compactes, — est un de nos objectifs préférés.

Malgré les canons-aériens qui en défendent les abords, nos pilotes vont — comme ils disent plaisamment — faire tous les jours « un carton » sur Parroy.

Vu la masse des rassemblements, tous les coups sont bons : fléchettes aiguës qui traversent de part en part un homme et son cheval, petites bombes guidées par un parachute de toile ; et depuis quelques jours, obus de 90 empennés d'ailes métalliques, que l'artillerie nous envoie heureusement à profusion.

Sur le champ d'aviation établi le long des prairies de la Moselle, l'activité est incessante — Blériot, Voisin, Bréguet-Farman atterrissent et repartent.

Seul le hangar du dirigeable affecté à la défense d'Épinal est désert et silencieux.

La « grande saucisse », comme l'appellent irrévérencieusement nos hommes, est partie depuis quelques jours en mission.

*1er Septembre.*

Nous avons été réveillés cette nuit par le coup de canon d'alerte de la place et le faisceau puissant des projecteurs fouillant le ciel noir.

Encore un Zeppelin ?

Cependant l'aventure du Zeppelin VIII qui repose non loin d'Épinal, près de Badonvillers, a dû les calmer...

Et, tout à coup, dans le ciel, une lueur éblouissante apparaît, suivie de quelques globes rouges... on repère vite. C'est bien le signal convenu. C'est un des nôtres, le dirigeable français qui, majestneux, rentre ; on aperçoit les portes illuminées du hangar.

Des coups de sifflet partent de la nacelle invisible dans la nuit ; commandements jetés à la compagnie de manœuvre qui attend pour saisir les cordes qui pendent... et puis descente douce de la grande carcasse, qui vient se poser doucement sur le sol, éclairée, cette fois par les projecteurs des hangars.

On s'empresse autour de la nacelle ; on demande hâtivement des nouvelles aux camarades ; ils l'ont échappé belle :

Entre Épinal et Belfort ils ont eu une panne, qui les a forcés à descendre au-dessous des nuages en pleine nuit à 300 mètres, et là, pendant 30 kilomètres, jusqu'à l'arrivée à Épinal, ils ont été copieusement canonnés, fusillés autant par les Boches que par les Français.

Situation angoissante... Je demande au capitaine W..., pilote et chef du dirigeable :

— Et vos signaux lumineux ? Ils ne vous ont servi à rien ?

— Impossible, mon cher, d'en faire. Le premier que nous avons allumé après notre panne nous a fait découvrir par les Boches qui nous ont fusillés à 300 mètres. Quant aux Français, ils ont pris nos fusées pour des bombes... ils nous ont aussi canonnés... c'est charmant !

— Et comment vous en êtes-vous tiré ?

— En nous réfugiant sur nos sacs de lest, qui amortissaient les balles. Mais c'est égal, j'ai passé là un mauvais quart d'heure, et il me tardait d'arriver... Je ne sais pas comment, d'ailleurs, j'ai atterri.

Et il nous montre les trous faits par les balles dans le plancher de la nacelle et, chose plus grave, un des plans stabilisateurs d'arrière coupé en deux par un coup de canon... deux mètres plus à droite, c'était le trou béant dans l'enveloppe jaune et la chute comme une masse de plomb du dirigeable...

Décidément, je préfère les avions aux « grandes vessies ».

*3 Septembre.*

Les nouvelles qui nous parviennent nombreuses sont de plus en plus pessimistes ; des bruits circulent : l'armée française se replie de Belgique sur l'Aisne ; les Allemands approchent de Lille, des combats sont engagés du côté de Guise, de Rethel et de Sedan. On sent que plus que jamais il faut que l'armée de Nancy et des Vosges tienne coûte que coûte.

Voilà pourquoi l'évacuation de l'Alsace, devenue théâtre secondaire, a été commandée, aussi dure qu'elle ait pu paraître à tous...

Nous avons eu cet après-midi une diversion heureuse à nos pensées peu gaies.

S..., un de nos meilleurs pilotes vient d'atterrir venant de Toul, et ayant pris part aux batailles du Grand Couronné de Nancy.

On lui demande des nouvelles de la Meuse, de la Belgique. Et il nous raconte les exploits de nos camarades pendant août, le bombardement de Metz, des hangars de Frascati, les bombes lancées sur les gares de Sarrebourg et de la Lorraine allemande... et parmi tous les épisodes qu'il nous narre avec sa verve étourdissante, j'ai noté celui-ci, que je transcris en laissant toute la saveur du récit de S...

— Mon vieux, j'étais tranquillement couché près de mon avion, à T..., il y a dix jours, quand la nuit on vint me prévenir que le gouverneur me demandait : « Trois heures du matin, le gouverneur, me dis-je ; il doit y avoir quelque chose de cassé... Je me hâte et arrive dans le cabinet du gouverneur qui me dit :

— S..., les rapports des différents chefs de

secteurs téléphoniques me signalent, depuis une heure ce matin, un bruit de moteur qui semble déceler un dirigeable tournant autour de la place, probablement pour nous bombarder. Pouvez-vous partir tout de suite pour lui donner la chasse ?

— Mon général, je suis prêt, mais je vous ferai respectueusement observer que si je pars dans la nuit, je ne verrai absolument rien, qu'à 50 mètres un dirigeable ou un avion est invisible, même par nuit étoilée... Il serait plus logique d'attendre dans une heure, la pointe du jour et de me mettre en chasse.

— Entendu... et faites de la bonne besogne, si c'est un Zeppelin.

Rentré au hangar en vitesse, je réveille mon mécano, je surveille les préparatifs de l'avion, je vérifie les tendeurs, le moteur et surtout ma mitrailleuse et ses bandes de chargeur...

Puis je m'assois sous les ailes de l'avion, tendant l'oreille pour essayer de percevoir dans la nuit le bruit mystérieux des hélices, tout en attendant impatient le lever du jour pour m'élancer. Enfin un petit bout de bande rougeâtre point au bout du champ. C'est l'aurore.

Je saute dans l'avion avec mon mécano et nous voilà partis.

Je crève d'orgueil ! Songez donc, mes amis, mission de confiance : attaquer à moi tout seul un dirigeable boche... avouez qu'il y a de quoi être gonflé d'importance.

Je monte lentement : avec le jour, un petit brouillard laiteux s'est levé et nous enveloppe... La terre est encore dans l'obscurité, mais nous sommes déjà éclairés.

Je regarde de tous mes yeux : rien au-dessus, rien devant moi ; en dessous, le brouillard s'épaissit et c'est une mer de nuages qui se forme sous nous.

Douze cents mètres à l'altimètre. Je continue à monter toujours, à la recherche de mon dirigeable fantôme.

Cela a l'air facile, de terre, de partir à la recherche d'un Zeppelin ; mais quand on est perdu dans le ciel, qu'on n'a même plus le bruit du moteur du dirigeable pour vous guider, je vous assure qu'on ne fait pas le malin...

Vers 1.500 mètres, après avoir décrit deux ou trois grandes voltes et étant toujours isolé de la terre au-dessus de la mer de nuages, je sens mon mécano qui me tape sur l'épaule et qui me crie dans l'oreille :

— Le v'là !

— Où ça ?

— A droite, derrière le gros nuage blanc. Vous ne voyez pas ce point noir ? C'est sûrement lui !

Mon sang n'a fait qu'un tour.

Je mets mon avion dans la direction indiquée. Je distingue encore mal le point indiqué : mais j'ai confiance dans les yeux de R..., mon mécano. Le point noir grossit : marche-t-il vers nous, ou est-ce nous qui marchons vers lui ?... En attendant, je combine mon attaque.

Attaque par-dessus : c'est la tactique rationnelle ; il faut monter, gagner de la hauteur par rapport à lui ; mais le dirigeable qui a dû nous voir arriver imite ma manœuvre et monte à son tour... Tout en s'éloignant, il monte plus vite que moi...

J'essaye en vain d'augmenter la vitesse de mon ascension : mais à 1.800 mètres l'air est peu portant et il faut monter par petits coups. Le dirigeable regagne en hauteur ce qu'il perd en vitesse horizontale.

Le voyant s'échapper, furieux, je crie à mon mécano :

— Envoie-lui une bande de chargeur, vise bien dans les plans arrière.

Mais R... est un garçon calme et pondéré ; il me dit tranquillement :

— Etes-vous bien sûr que ce soit un Boche ?

Au fait... La question est imprévue. Nous sommes tellement hypnotisés par les Zeppelins, que nous ne nous sommes pas demandé si c'était un français ou un allemand.

Comment le savoir, si ce n'est en s'approchant encore plus près de lui ? Je cherche à voir s'il y a deux nacelles, la forme des plans arrière, mais à la distance à laquelle nous sommes il est impossible de distinguer encore.

Cette incertitude, brusquement entrée dans mon esprit, me déroute. Jolie gaffe, si ce n'est pas un Boche ! Quelle guigne de sentir un dirigeable à portée de sa mitrailleuse et de ne pas oser tirer !

Je viens de plonger un peu pour mieux l'observer par dessous...

Pas de doute, ce n'est pas un Zeppelin : il n'a qu'une seule nacelle ! A moins que ce soit un souple allemand type Parseval. Mais cela me semble improbable... J'approche encore et j'observe de tous mes yeux.

Plus de doute, c'est un Français : je viens de voir les cocardes tricolores sous le fuseau et un rayon de soleil a frappé les flancs qui ont apparu couleur jaune d'or.

Les Zeppelins sont gris bleuté !

Alors, à la fois furieux d'avoir manqué l'occasion et content d'avoir évité la méprise, je m'approche ; je gagne du terrain pour dire bonjour aux camarades avant de faire demi-tour et de m'en aller à nouveau vers la terre, vers Toul qui est en dessous, caché par la mer de nuages.

Nous sommes à 200 mètres : je distingue maintenant tous les détails de la nacelle, le cercle des hélices qui battent l'air lentement... et au moment où je lève la main pour faire des signaux à l'équipage, ah ! mes amis, quelle réception !

La plus belle décharge de mitrailleuse que j'aie jamais reçue. Les ingrats ! cela claquait de partout, autour de nous, sur les flancs, sur le moteur... A leur tour, ils m'avaient pris pour un Boche, et ils se défendaient avec l'énergie du désespoir...

J'ai eu juste le temps de piquer au sol et rapidement de m'enfoncer dans la brume, peu glorieux de ma mission, à la fois vexé et en rogne.

— Et tu n'as pas écopé, dans la décharge amicale que t'as envoyée le *Fleurus* ?

— Non, presque rien : quatre ou cinq balles dans es ailes. Ils étaient émus probablement en me voyant leur arriver dessus sans tirer un coup de fusil !

Mais, ajoute S..., ne me parlez plus d'aller faire la chasse à un dirigeable inconnu... Merci : cela suffit d'une fois'

## EN ROUTE
## POUR LA MARNE

*Epinal, 4 Septembre.*

Nous venons de recevoir l'ordre de partir avec nos escadrilles et notre parc d'aviation vers les plaines de Champagne. L'ordre est vague, la destination imprécise. Direction : le camp de Mailly où l'on trouvera des ordres... Pourquoi ce départ précipité ?

La situation serait-elle plus grave ? Nous ne savons que ce que nous apprennent les communiqués officiels ; ils sont si brefs et surtout ils sont si déroutants ! Il y a trois jours, la ligne française était encore en Belgique ; maintenant ce sont les noms bien français de Guise, de Rethel, de Sedan, qui jalonnent la nouvelle ligne. Alors, recul, retraite ?... Angoisse. Mauvaises heures. On préfère un danger en face, la bataille qui se

développe devant vous, que le grand drame qui se joue mystérieux et dont on n'a que de vagues échos.

Cependant, à force de demander, nous avons pu savoir que toute notre formation d'aviation s'en allait vers les plaines de Champagne pour être mise à la disposition d'une nouvelle armée, commandée par un *nouveau chef* qui aurait une mission de *contre-attaque vigoureuse*... C'est encore bien vague ; mais ces derniers mots de contre-attaque nous font plaisir : il ne s'agit donc plus de *reculer* ?...

Aujourd'hui, ce sont les derniers vols de nos escadrilles avant de quitter Épinal et les derniers bombardements sur la forêt de Parroy.

Demain, à la première heure, les avions quitteront Épinal, le terrain d'aviation installé le long de la vallée de la Moselle, tandis que les tracteurs et tout le convoi roulant s'en iront vers Neufchâteau, les cols de la Meuse, Langres, Chaumont, s'acheminant vers les plaines de Troyes et de Mailly.

## OBSERVATEUR EN AVION

*Neufchâteau, 4 Septembre.*

Notre convoi d'aviation roule sur les routes de la Meuse, cherchant à atteindre Chaumont avant la nuit.

A son tour, il dépasse les convois des différents corps d'armée qui, d'Épinal ou de Lorraine, se mettent en route pour aller constituer cette nouvelle armée un peu mystérieuse, puisque nous en ignorons le numéro, le nom du chef, et l'emplacement exact.

Les voitures succèdent aux voitures. Nos camions automobiles peuvent à peine faire du 10 à l'heure, tellement l'encombrement est grand.

D'abord, ce sont les voitures régimentaires, les voitures de munitions, les grandes prolonges du génie, celles des équipages des ponts avec leurs bateaux de tôle qui brillent de loin au soleil...

Puis vient toute la théorie des voitures de réquisition.

Il y en a d'imprévues, des petites, des grandes, peintes de toutes sortes de couleurs, avec les noms de la maison de commerce, ou du produit alimentaire.

Noté dans le convoi d'un corps d'armée que nous dépassons une file de vingt voitures à chevaux bien harnachés sur lesquelles se détache le cartouche connu des voitures de livraison du *Printemps*.

Quelque temps après, nous tombons sur des voitures du *Louvre* pour finir par des autobus, pas encore peints en gris bleuté et qui ont un air lamentable sous leur couche de poussière.

Et tout ce monde s'achemine sans hâte : les convois automobiles dépassent sans à-coup les voitures à chevaux.

Impression d'ordre et de méthode.

Même impression dans les petites gares de chemins de fer que nous traversons : elles servent de gares d'embarquement aux différents éléments de corps d'armée que l'on envoie de Lorraine en Champagne pour constituer notre nouvelle armée.

Les quais d'embarquement trop petits sont noirs de troupes : les trains s'alignent, se pressent les uns contre les autres, s'allongent en pleine campagne pendant des kilomètres le long de la voie ferrée.

Les chevaux passent leur nez à la fenêtre des wagons de marchandises, tandis que les « 75 » amarrés sur des trucs plats lèvent vers le ciel leur mince gueule grisâtre...

Et au milieu de tout cet enchevêtrement d'unités, d'hommes, de chevaux, de voitures, de wagons, de locomotives sous pression, circule le plus admirable personnel technique, celui des chemins de fer, se multipliant et se dévouant du haut en bas de l'échelle, depuis le chef de gare jusqu'au dernier cheminot.

Oui, ordre, méthode, confiance et force : voilà bien l'impression fugitive mais exacte que cette vision des services de l'arrière nous donne au passage.

Notre convoi est arrêté sur la grande route d'Épinal à Neufchâteau... Impossible d'avancer.

La route est traversée par la voie ferrée. Le passage à niveau est fermé et les trains militaires défilent incessants de cinq minutes en cinq minutes.

Stationnement d'une heure... On mange... C'est le seul parti à prendre, — et c'est très militaire.

Au-dessus de nous, un avion allemand rôde, observant probablement l'embarquement de nos troupes, la direction prise par nos trains ; il décrit de grands cercles...

Mais, pas loin de nous, des coups de canon ont été tirés : je profite de l'arrêt pour aller voir la batterie.

Deux pièces sont à moitié enterrées, la gueule du canon braquée vers le ciel : un lieutenant d'artillerie dirige le tir. Les obus sont bien pointés comme direction, mais éclatent tous un peu trop bas...

— A combien, mon capitaine, estimez-vous la hauteur de l'avion ? me demande l'officier d'artillerie.

J'hésite, puis, après avoir bien observé le petit point noir :

— Entre 1.700 à 2.000 mètres ; c'est d'ailleurs l'altitude moyenne de nos vols, surtout au-dessus des rassemblements de troupes qui ont du canon.

— Et à quelle vitesse, mon capitaine, marche l'Aviatik ?... cette base me manque.

— 120 à l'heure... Or, comme vous le voyez, ces petits nuages qui sont très hauts,à 2.000 mètres, n'ont pas l'air de bouger, c'est qu'il y a vent nul. Prenez donc 115 à 120 kilomètres comme moyenne.

L'officier d'artillerie fait un rapide calcul.

— Je vais tâcher de l'encadrer dans une fourchette dont il nous dira des nouvelles.

Rapidement il rectifie le tir de ses deux pièces, les obus continuent à monter invisibles vers le ciel ; puis brusquement des petits paquets de nuages blancs apparaissent : c'est l'obus qui éclate.

J'observe à la lunette le point noir de l'Aviatik et les points blancs des obus... Les coups à présent se rapprochent, la fourchette se resserre fatalement l'Aviatik va bientôt se trouver encadré... Avide, j'attends le mouvement symptômatique de l'avion qui bascule, le flanchement de l'appareil blessé.

Je guette ses mouvements, sans même songer que l'aviateur qui le monte est un confrère aérien, que le pilote et l'observateur doivent passer par les mêmes transes que nous-mêmes lorsque les obus nous encadrent et, qu'à chaque explosion, on se demande :

— Est-ce pour cette fois ?

Mais la guerre endurcit le cœur, et fiévreusement j'attends la chute vertigineuse vers le sol.

— Hourrah ! touché ! crie derrière moi le lieutenant d'artillerie qui observe... En effet, l'Aviatik vient de piquer brusquement vers le sol : sa chute est si rapide que je ne puis le suivre à la lorgnette : il descend à une allure folle... et puis brusquement se rétablit... Oh ! oh ! une feinte alors ?...

Encadré d'obus, l'aviateur allemand n'a cherché son salut que dans cette dernière manœuvre : piquer, plein moteur, au sol pour dérégler le tir de l'artillerie...

De nouveau, ayant repris son équilibre, le voilà qui file à tire-d'ailes, mais cette fois vers les Boches. La leçon lui a suffi.

Mon artilleur est un peu vexé. Son triomphe a été de courte durée.

Moi-même, je suis un peu déçu...

Et cependant, dans mon âme d'aviateur, je ne puis m'empêcher d'admirer la manœuvre audacieuse et la souplesse de l'avion échappant avec tant de maestria aux coups précis et terribles de notre 75.

Cet incident est une leçon de pilotage qui pourra nous servir à l'occasion la plus prochaine.

. . . . . . . . . . . . . . . .

*Chaumont. — 8 heures du soir.*

Nous tombons sur une ville où règne un peu d'affolement, encombrée de réfugiés, les uns arrivant de l'Aisne, de Guise, de Rocroy, de Rethel, d'autres ayant évacué Reims ; enfin les derniers arrivés venant d'Épernay, de Châlons-sur-Marne...

Les bruits les plus alarmants circulent parmi eux : pillage, incendie, fusillades ; bruits souvent exagérés ou déformés par la panique... D'ailleurs la voix lointaine du canon se fait entendre : ses échos répétés troublent maintenant les collines de la Côte-d'Or.

Partout des réfugiés, couchant pêle-mêle sur les places, dans les locaux de réquisition ou dans leurs voitures ; les équipages les plus invraisemblables sont attelés à ces voitures, et à l'intérieur les objets les plus disparates, armoires, tables, cages à oiseaux, et sur un lit de paille un vieillard, ou un malade, est là couché, attendant impatiemment l'heure de fuir de nouveau vers le sud, loin du bruit du canon, qui les poursuit de ses grondements.

Misères de l'invasion ; misères de la guerre vues en dehors de la fièvre du champ de bataille, de l'excitation sacrée du combat ; misères un peu déprimantes !

A nous, il nous tarde d'arriver à la ligne de bataille : elle ne doit plus être bien loin...

Juste la valeur d'une petite étape — et ce sera pour demain, la lutte, la lutte que nous sentons devoir être la lutte décisive.

## LA BATAILLE DE LA MARNE

*Méry-sur-Seine, 5 Septembre.*

C'est dans cette région de la Seine, entre Troyes, Sézanne, la Fère-Champenoise, que se rassemble notre nouvelle armée. Le mot « rassemblement » est un peu inexact, car chaque unité débarquée est aussitôt engagée : il y a plus qu'urgence. Nous savons enfin le nom de notre nouveau chef, c'est le général Foch, commandant la ...e armée. Le nom ne dit rien aux profanes ; à quelques initiés il dit le nom d'un brillant tacticien, chef de l'École de guerre ; mais pas d'autres précisions. Nous allons rapidement en avoir.

Vu aujourd'hui en allant aux ordres au quartier général à P..., sur la route de Troyes à la Fère-Champenoise, le général Foch... Silhouette mince de sous-lieutenant, sec, taille moyenne, figure énergique barrée d'une moustache à la gauloise, menton dominateur, geste sobre — un chef, quoi !

Dans son état-major, on dit que son énergie n'a de comparable que son allant endiablé...

On cite déjà, depuis quarante-huit heures qu'il a pris le commandement, des effets les plus heureux : troupes transportées d'un point à un autre du champ de bataille en automobile, permettant de multiplier les efforts, et de couvrir les débarquements successifs des différents corps qui lui arrivent de Lorraine ; réponses lapidaires dans les situations les plus critiques.

D'ailleurs, nous ne savons que peu de choses sur le grand drame qui se déroule dans ce coin de Champagne, mais tous nous sentons que c'est la grande et ultime bataille qui se livre, que le sort de la France se joue dans ces heures...

L'ordre du jour du généralissime lu aujourd'hui aux rassemblements des escadrilles ne laisse aucun doute ; il se résume en deux mots :

L'armée française ayant pris les positions de

repli que le généralissime lui avait assignées, le moment est venu d'attaquer : toute unité engagée *tiendra jusqu'à la mort* le terrain qui lui aura été confié...

Ordre du jour émouvant, à la fois énergique et bref, où le généralissime fait un appel suprême au sacrifice de tous pour sauver la France.

Heures tragiques où l'armée française en retraite depuis le 25 août, reculant sans cesse de la Sambre à la Meuse, de l'Aisne à la Marne, à l'appel de son chef s'arrête, fait front devant la Seine, et, mettant sac au dos, se porte en avant et enfonce l'adversaire.

Exemple unique, admirable, d'un choc irrésistible survenant après quinze jours de marche en retraite, d'une victoire décisive après quinze jours de combats désavantageux. Voilà le miracle de la Marne : c'est le *chef* et les soldats qui l'ont fait, et, ce soir, au cantonnement ce mot nous revient à tous à la pensée :

« *Tenir jusqu'à la mort* ».

. . . . . . . . . . . . . . . . . .

*La Fère-Champenoise, 8 Septembre.*

Le quartier général de l'armée Foch est installé à P..., misérable petit hameau de Champagne, abrité derrière une ligne de peupliers verts qui cachent la laideur de la plaine triste... Et depuis ce matin même les obus allemands commencent à tomber dans P... Mais la résolution du général est inébranlable. Il ne quittera pas : et son geste signifie aux postes qui sont en avant qu'ils n'auront pas le droit de reculer : *Jusqu'à la mort* !...

Un officier de l'État-Major, entre deux reconnaissances aériennes et deux atterrissages, nous met au courant de la situation générale pour mieux exécuter notre tâche dans l'Armée.

Je résume la situation telle qu'elle nous a été tracée avant d'accomplir nos missions aériennes :

L'armée Foch se trouve au centre de la ligne française, face à la Fère-Champenoise et à la boucle de la Marne à Châlons. Elle se trouve former l'articulation de la ligne française en soudant entre elles : à gauche, les armées Franchet d'Esperey, French, Maunoury, et à droite les armées Langle de Cary, Sarrail, Castelnau, Dubail.

Sa mission, qui est une mission d'offensive à outrance, est d'entrer en coin dans le centre allemand, d'en dissocier les forces en deux tronçons, et de rejeter les uns vers la région parisienne, les autres vers l'Argonne, Verdun et la Meuse. Le trou existe déjà un peu, par suite de la rapidité de la marche des armées allemandes, et, par nos reconnaissances d'avions, nous avons signalé depuis trois ou quatre jours cet hiatus.

Enfin, si l'armée Foch ne parvient pas à briser la ligne ennemie et à accentuer cette scission des forces allemandes, elle doit, à tout prix, empêcher d'être brisée elle-même, car le moindre recul, la moindre fissure romprait la digue élevée devant la Fère-Champenoise, et le torrent allemand risquerait de se déverser par la vallée de la Seine, vers Troyes, vers Sens, et de là, sans effort, d'arriver jusqu'à la vallée de la Loire...

En face de lui, le général Foch a l'élite de l'armée allemande, le corps de la garde prussienne et le Xe corps saxon !

L'heure est donc décisive !

Et c'est dans le terrain circonscrit aux falaises de Sézanne, aux marais de Saint-Gond, aux plaines de La Fère et aux bois de Sommesous, Mailly, que l'armée Foch, (c'est-à-dire le 21e corps, le 9e corps et le 11e corps,) va lutter pied à pied, soutenir les assauts les plus furieux et finir par triompher et percer d'un élan irrésistible.

Honneur à vous, gens de l'Est, gars de Bretagne, du Poitou et de la Vendée qui formiez ces troupes d'élite.

Honneur à vous qui, dans ces mêmes plaines, dans ces mêmes champs Catalauniques où, il y a plus de dix siècles, les barbares d'Attila étaient arrêtés, avez à votre tour vaincu... Vous aussi, vous aviez lu l'ordre du jour du généralissime... et *jusqu'à la mort* vous avez tenu !

Les charniers de Lénharrée et de Saint-Gond, tombeaux de la Garde prussienne, et aussi la moeaique de vos pantalons rouges émaillant la terre blanchâtre de Champagne, en ont été des preuves qu'on ne peut oublier...

*8 Septembre.*

La canonnade ne cesse ni de jour, ni de nuit. Le crachement sec du 75 répond au 77 et au 105 allemands. Le tapage est infernal. Sur la ligne de feu la vision du champ de bataille est étrange... Le vide. — Pas une troupe apparente .

Devant nous, la grande plaine de Champagne blanchâtre, ponctuée d'éclairs d'obus qui éclatent, de gerbes de fumée et de terre soulevée ; des villages qui flambent, lançant des tourbillons de fumée noire, des boqueteaux de sapins formant tache sombre et derrière lesquels les sections de tirailleurs s'abritent, progressent invisibles en rampant de touffe en touffe, de trous d'obus en trous d'obus ; par-dessus le tout, la fusillade, le crépitement incessant des mitrailleuses... Quand la nuit vient, les incendies des villages illuminent la plaine.

C'est le Petit Morin, le Grand Morin, Lénharrée, Normée, Sommesous, bombardés incendiés, pris, repris, rebombardés... et brûlant toujours.

*9 Septembre.*

La grande bataille continue encore indécise, localisée autour de la possession des marais de Saint-Gond, des abords de la Fère-Champenoise et de la voie ferrée stratégique allant de Sézanne à Mailly.

Cramponnés dans les bois de Lénharrée et de Sommesous, les admirables fantassins de l'armée Foch se maintiennent héroïquement. La bataille dans chaque village prend l'allure de corps à corps sans cesse plus furieux.

*Anglure, 9 Septembre.*

Jour de brume épaisse. Nos avions sont restés à l'atterrissage. J'en profite pour aller surveiller à la gare de ravitaillement le débarquement des nouveaux avions qui nous arrivent de l'intérieur avec des pièces de rechange destinées aux escadrilles de notre armée...

La petite gare d'Anglure, perdue entre Sézanne et Troyes, sert non seulement de gare de ravitaillement à toute l'armée Foch, mais aussi de gare d'évacuation. C'est là qu'est concentrée toute la vie matérielle de l'armée ; c'est là aussi où, hâtivement, les blessés gravement atteints sont amenés de la ligne de feu et embarqués dans des trains improvisés, dans les wagons mêmes qui ont servi à amener le pain et les légumes de ceux qui se battent.

Je regarde, étudiant cette petite gare inconnue qui, de par les circonstances, de par la volonté du chef, est devenue l'organe vital, indispensable de l'Armée, celui vers lequel convergent tous les convois, tous les services d'approvisionnement, tous les efforts de l'intendance et du service de santé...

Le spectacle est inoubliable.

Des trains... des trains en file indienne couvrent plusieurs kilomètres de voie, attendant d'arriver à tour de rôle, jusqu'au petit quai de débarquement, et de là jusqu'à l'aiguillage qui leur permettra de faire demi-tour et de repartir sur Troyes... Dans ces trains, des wagons entiers de boules de pain, de sacs de haricots, de sucre, de café, de fourrage, d'essence, de munitions ; tout cela étiqueté, parfaitement en ordre, attendant d'être débarqué et emporté sur les voitures régimentaires de corvée.

Au milieu de toute cette vie, des wagons qu'on décharge, des pains que l'on empile, l'image douloureuse de la guerre, les blessés ensanglantés qu'on dépose ou qu'on embarque dans le wagon qu'on vient de vider...

Je revois les files de civières déposées dans la

cour de la petite gare, les visages blêmes et les yeux de fièvre ; je revois la civière d'un grand commandant de tirailleurs, dont la jambe broyée par un obus ne forme qu'un pansement sanglant...

Dans la cour, un petit turco, la *gueule* littéralement emportée par un schrapnell, se promène indifférent, la tête empaquetée d'ouate et de linges. Je lui parle arabe et il me demande ravi une « garrou », c'est-à-dire une cigarette, et je le vois mettre dans le trou qui lui sert de bouche sa cigarette et aspirer voluptueusement... Quels soldats !..

Sur le quai, on vient de clouer dans une caisse un pauvre lieutenant d'artillerie qui vient de mourir dans la salle d'attente transformée en salle de pansement...

Des mains pieuses ont mis des fleurs des champs sur la sinistre caisse.

Des femmes, des jeunes filles des villages voisins circulent, faisant preuve d'un dévouement touchant, donnant à boire aux blessés, relevant une tête sur un oreiller, multipliant leurs soins et le réconfort moral de leurs paroles...

Et tout cela — trains qui sifflent, voitures qui emportent les provisions, blessés qui gémissent et qui meurent — tout cela pêle-mêle : la vie matérielle et la mort. Les piles de pain frais et les sacs de café, côtoyant les blessés et les boîtes à pansements... tout cela sous le grand soleil, accompagné du bruit tout proche du canon qui ne cesse de cracher et de la fusillade qui crépite au nord vers Saint-Gond et Mailly.

*La Fère-Champenoise, 10 Septembre.*

La Garde allemande et le corps saxon, écrasés, culbutés entre les marais de Saint-Gond, la route de la Fère et les bois de Sommesous, se replient en toute hâte vers Châlons. L'armée du général Foch, après cinq jours et cinq nuits de combat acharné, malgré ses fatigues, ses pertes sanglantes, poursuit l'ennemi. A la suite de l'état-major de l'armée du général, nous pénétrons dans La Fère-Champenoise toute fumante encore du bombarde ment et de l'incendie : l'odeur des cadavres en décomposition se mêle aux bouffées d'air chaud des incendies et des animaux qui ont brûlé dans les écuries. Sur la grande place carrée de La Fère-Champenoise, c'est une confusion inextricable de charrettes, d'automobiles, de convois allemands, de troupes françaises qui débouchent, de prisonniers qui attendent, l'air hagard, de blessés rangés sur les trottoirs ; c'est que la retraite allemande est plus que rapide : elle semble éperdue...

Nous nous installons dans une villa abandonnée il y a quelques heures par l'Etat-Major allemand ; le couvert est mis, somptueux ; toute l'argenterie de la maison et la cave s'y trouvent ; ce repas servi par les Boches et absorbé par nous, nous remplit d'aise.

Dans la salle de la mairie où les fusils des prisonniers allemands s'entassent, je vois une sentinelle qui, baïonnette au canon, monte sa faction.

J'interroge :

— Qu'est-ce qu'il y a là-dedans ?

— Un officier allemand prisonnier, mon capitaine.

Je regarde. L'officier allemand, officier de la Garde, raide, monocle à l'œil, tourne dans la salle comme un lion en cage. Il semble furieux et déconcerté. Évidemment, il ne comprend plus, il s'avançait sur Paris, c'en était fait des Français, et, brusquement, les voilà vainqueurs et lui prisonnier... Il ne comprend plus.

Il lève les yeux vers moi, nos regards se rencontrent ; je salue froidement ; encore plus gourmé, il répond. Puis, il reprend sa marche.

Dans la minute même, j'ai vu que ce regard n'était pas si assuré qu'il le voulait paraître... il paradait encore.

*Gare de La Fère-Champenoise, 10 Septembre.*

La gare de la Fère-Champenoise a été un des points culminants de la lutte ; dans la grande plaine dénudée qui entoure la Fère, ce ne sont que des amoncellements de cadavres : cadavres allemands, terreux et grisâtres, se confondant avec le sol ; cadavres de petits fantassins français dont le pantalon rouge jette une note vive, semblables à des coquelicots fauchés dans la plaine.

La gare bombardée, incendiée, fume encore. La marquise vitrée est effondrée, le château d'eau défoncé ; mais les trains recommencent à circuler, apportant les approvisionnements, les munitions, et ramenant vers l'arrière la multitude des blessés qui encombrent les ambulances.

Dans la gare, attendant l'embarquement, des blessés allemands sont alignés, les uns étendus sur de la paille jetée hâtivement sur le sol, d'autres sur des civières ; ils sont là au moins un millier, presque tous soldats de la Garde prussienne reconnaissables au parement d'argent de leurs manches.

Figures terreuses, visages blêmes, yeux hagards ; certains somnolent ou se plaignent. Je revois toujours l'agonie d'un soldat saxon, enveloppé d'une couverture ; percé de deux balles au ventre et dodelinant la tête à droite et à gauche de son brancard, et jetant un regard de telle supplication vers moi impuissant, que j'ai détourné la tête lâchement.

La victoire française a été si brusque, si complète, si inattendue, que c'est par milliers, que prisonniers et blessés tombent dans nos mains.

De nouveaux blessés boches arrivent à chaque instant ; impossible de tout soigner ; il faut évacuer sur l'arrière, avec l'unique voie ferrée encombrée de trains de ravitaillement. On organise hâtivement un train d'évacuation sanitaire...

Une petite pluie fine, la pluie des orages après la bataille, tombe dans cette gare lamentable de la Fère-Champenoise. Les blessés ont rampé pour se mettre à l'abri sous la marquise du bâtiment des marchandises, à droite, séparés hiérarchiquement, des officiers allemands blessés groupés.

Un grand capitaine de la Garde, figure distinguée et énergique, est étendu sur une civière, la jambe fracassée.

En dépit de la souffrance, il a tenu à conserver

son casque et sa jugulaire, et raide, comme à la parade, il attend sans se plaindre.

A côté de lui, quatre ou cinq autres officiers prussiens ou saxons, sont couchés sur la paille : certains parlent à voix basse, oreille contre oreille ; ils échangent leurs impressions de vaincus...

Elles doivent être terribles, ces confidences, au lendemain de la débâcle ; quel effondrement moral et physique ! Eux, les officiers allemands, officiers de la Garde, élite de l'armée, eux, descendants des vainqueurs de 70, à leur tour prisonniers et vaincus par les Français !

Je sens qu'ils ne peuvent y croire, qu'ils ne peuvent s'imaginer que ce recul est une défaite, et cependant la réalité est là : l'armée allemande repasse en désordre la Marne, fuyant vers l'Aisne...

Eux, les vainqueurs de 70, les vainqueurs d'il y a encore dix jours, de Liège, Namur, Charleroi et Guise, les acteurs de la marche triomphale vers Paris, les voilà arrêtés ?

Brusquement, à la Fère, le charme s'est rompu : la retraite commence, la retraite, la fuite, la peur hideuse qui gagne les troupes les plus solides, les plus braves... Voilà ce qu'ils viennent de connaître depuis quarante-huit heures, après quarante-cinq ans d'orgueil, de triomphe et de victoire.

Je suis tous ces sentiments dans leurs regards ; ils essayent encore, par habitude, de parader. Mais délaissés, en ce matin froid et brumeux, séparés et isolés de leurs hommes, car ils l'ont voulu, je sens que leur morgue ne sera pas de longue durée, surtout quand *ils* sauront la vérité complète sur l'étendue de la victoire de la Marne.

Je salue le capitaine de la Garde au passage, politesse de vainqueur à vaincu, et aussi hommage instinctif devant le courage de la souffrance stoïquement endurée.

Je lui demande en allemand :

— Vous n'avez besoin de rien ?

L'officier prussien se relève sur le coude, et portant avec effort la main à sa visière de casque, me répond dans le plus pur français :

— Non, monsieur, je n'ai besoin de rien.

Et, comme je m'en vais, il se ravise et me dit :

— Cependant, monsieur, j'ai quelque chose à vous demander... c'est pour mon camarade qui est là... il voudrait boire.

Et il me montre un des officiers couchés dans la paille à côté de lui, et dont la figure n'est plus qu'une masse sanguinolente sous des linges.

J'envoie chercher un quart d'eau par la sentinelle et j'aide l'officier saxon à boire.

Il ne peut parler : mais ses yeux me remercient.

A nouveau l'officier de la garde se soulève et me dit :

— Merci, monsieur.

Nos deux mains se portent à nos visières pendant que nos regards se rencontrent.

Et, malgré le désir de paraître impénétrable et froid, j'y trouve toute l'angoisse du vaincu, qui essaye de ne pas croire à l'effondrement de son rêve.

## LE BOIS DES GÉANTS

En allant aux ordres, entre la Fère-Champenoise et Châlons-sur-Marne, il est un bois que nous avons surnommé le *bois des géants*, géants par lalutte, géants par la taille de ceux qui y sont couchés.

C'est toute une compagnie d'un régiment de l'Ouest, des Bretons, des Vendéens, qui est couchée là ; la compagnie entière a été fauchée pendant une surprise de nuit, dans le bois. Elle est là étendue à terre, régulièrement alignée, depuis le capitaine, les lieutenants, jusqu'au sergent-major et au clairon.

En face d'eux, à 20 mètres, séparée par une clairière, la ligne allemande plus irrégulière, plus disloquée ; sur la tête des cadavres boches, des képis français. Évidemment ruse de guerre et surprise dans la nuit. Mais l'attaque des Boches a échoué et la ligne française s'est fait tuer héroïquement sur place.

Dans ce bois de petits sapins, ils sont là depuis trois jours sous le soleil ardent ; les rayons ont tellement chauffé les cadavres qu'ils ont entièrement noirci et sont démesurément gonflés, au point qu'ils sont devenus tous énormes, depuis le capitaine jusqu'au dernier soldat, et qu'on dirait à s'y méprendre des géants couchés au pied d'arbres minuscules.

Vision horrible et terrifiante !

Pendant trois jours ils sont restés là, à la même place, dans la position où la mort les avait touchés.

Des mains pieuses avaient voilé avec des mouchoirs ou des musettes les figures noires, et tous les jours, en passant, nos escadrilles ont rendu les honneurs à la compagnie héroïque tombée face à l'ennemi, à « la compagnie des géants ».

. . . . . . . . . . . . . . . . .

*Le champ de bataille. — Lénharrée, 11 Septembre.*

Les traces de la lutte acharnée se retrouvent partout, dans les champs, dans les bois, dans les villages. A un passage à niveau de la voie ferrée de Sézanne à Mailly un spectacle lamentable s'offre aux regards : la maison du garde-barrière a été brûlée ; et pêle-mêle les troncs carbonisés du garde-barrière et de sa femme ainsi que de trois soldats français fument sur le sol.

Et toujours des bouteilles vides, des tessons de bouteilles de champagne, partout, dans tous les coins. Ces soûlards de Boches ont dû vider toutes les caves de Châlons et de Reims ou d'Épernay, pour avoir fait une telle consommation... Nous ne nous en plaignons pas d'ailleurs : les fidèles troupes du Kaiser qui s'étaient enivrées pour mieux marcher à l'assaut de l'armée française ont payé cher leur enivrement.

A côté des tessons de bouteilles, des sacoches, des musettes, des casquettes, des fusils, tout cela pêle-mêle dans les champs ; de-ci, de-là, des tas de cadavres d'hommes ou de chevaux qui, gonflés par les gaz, ballonnés jusqu'à l'extrême limite des tissus, éclatent au grand soleil ardent...

Là où les traces de la lutte sont les plus terrifiantes, c'est dans les petits villages de Lénarrhée et de Normée. Chacun de ces villages est bâti près d'une faille de la plaine champenoise, faille peu profonde au fond de laquelle court en temps normal un ruisseau aux eaux claires bordé de peupliers...

Dans ces fossés naturels, propices à la défense, la lutte a été des plus acharnées. Français attaquant et Boches se défendant gisent dans l'étroit ravin, mélangés avec les chevaux morts, les vaches, les porcs foudroyés par la mitraille, les charrettes de fumier renversées pour « faire pont » ; tout cela gît, emmêlé, maintenant silencieux, gonflé par le soleil chaud, grimaçant ou crispé par la mort, tandis que la nature immobile et toujours belle continue à fleurir et la petite rivière gazouille de cadavres en cadavres...

Le village de L... n'est qu'un chaos de maisons brûlées, de charpentes effondrées, de ferrailles tordues... Partout des cadavres qu'on n'a pas eu le temps d'enlever, tellement il y en a, et tellement le nombre des blessés est considérable... Sur le rebord des talus, adossés aux pentes, ils gisent, les yeux vitreux.

Je verrai toujours un *gefreite* allemand, les quatre membres crispés, couché, presque droit, sur le revers du talus de la route, et qui avait l'air de grimacer chaque fois à notre passage.

Plus loin, dans une maison du village qui fait le coin, un obus de 75 a coupé en deux l'angle du mur, défoncé la chambre, fusé comme un bolide devant la grande cheminée de campagne et éclaté dans l'étable.

Devant l'âtre qui n'est pas éteint, peut-être seuls survivants de cette soirée de guerre, les deux vieux, la femme et l'homme continuent à se chauffer près de la cheminée intacte. La moitié de la chambre est à ciel ouvert.

La vieille, qui vient de vivre les quatre jours de

cette lutte réfugiée dans sa cave, me dit tranquillement de sa voix chevrotante :

— *Est-ce que nous avons gagné ?*

Elle montre la direction de la Fère. Pour elle la bataille se borne à son champ, à son horizon, aux coteaux de Sézanne.

— Oui, ma bonne femme, *on a gagné* et on marche sur Châlons.

Mais Châlons, c'est trop loin pour elle... On a gagné, puisque les Allemands ne sont plus dans son village... On a gagné, puisque l'on n'entend plus rien...

Elle ne voit pas plus loin.

Et comme je continue à causer, elle se lamente sur la seule chose importante : son *viau,* tué par l'obus ainsi que la vache... Ah ! cela, c'est l'important !

La maison, on pourra la rebâtir, on pourra la réédifier, refaire le mur du coin... Mais le *viau,* la vache, les poules, le pain assuré pour les deux vieux !...

Et elle contemple son étable ravagée.

Dans les maisons l'incendie a fait rage, les machines agricoles tordues ont des airs lamentables ; quelques poules échappées au ravage picorent dans les cendres fumantes.

Une odeur âcre de chair brûlée, odeur suffocante de cadavres qui brûlent, prend à la gorge.

A l'extrémité de ce village, peuplé de morts et maintenant silencieux après le fracas de la lutte, l'éclatement des obus, le sifflement des shrapnells et le crépitement des mitrailleuses, à l'extrémité, il y a une grange devant laquelle une section d'infirmiers vient de s'arrêter.

Interrogé, un des infirmiers répond :

— Mon capitaine, il y a plein de blessés boches là-dedans... on ne peut pas tous les enlever... on songe d'abord aux Français.

Dans la cour de la grange, des blessés achèvent de mourir sur la paille étendue hâtivement ; il faut faire attention pour ne pas marcher sur les cadavres, et, à un moment, une boursouflure de la paille s'agite sous la dernière convulsion d'un Saxon mourant.

Misères... Misères effroyables... Malgré la haine de la race, le cœur est serré devant ce spectacle, devant ces souffrances auxquelles on ne peut porter secours.

A l'intérieur de la grange, dispersés dans le foin, ils sont là, gémissant ou râlant, une vingtaine de Saxons. Cette grange devait servir de poste de secours au *Feld-Lazareth* saxon établi un peu en arrière.

Les infirmiers et les médecins allemands sont partis, abandonnant leurs malades comme d'habitude et comptant sur la générosité des Français pour les soigner.

Seulement cette fois il y a tant de blessés boches à panser et tant de morts allemands de la Garde ou du corps saxon à enterrer que nos médecins ne peuvent suffire à la besogne.

En entrant dans la grange, mes pieds heurtent un blessé.

Je lui demande en allemand :

— Qu'est-ce que vous avez ?... Gravement blessé ? Quel régiment ?

Et de même qu'à la gare de la Fère-Champenoise lorsque j'interrogeais l'officier de la Garde, celui-ci me répond dans le *plus pur français* :

— 10e régiment saxon...

Puis s'animant et se levant sur son coude, il me crie :

— Oui, vous êtes des sauvages... vous êtes des êtres abominables (*sic*) tous les Français, *pour avoir fait une guerre* aussi épouvantable ; oui, tous les Français, vous serez maudits...

— Oh, ajoute-t-il, avec un rire douloureux, je puis parler hautement... Vous ne m'en empêcherez pas.

— J'ai deux balles dans le ventre et je suis perdu... Je connais la gravité de mon cas... et je ne puis être sauvé.

— Je vais paraître devant Dieu, et mon accusation n'en est que plus terrible... Eh bien ! vous êtes tous des *monstres* (*sic*), tous des assassins !

Je reste un peu interloqué devant la violence d'une telle sortie, et, devant ce blessé, presque ce moribond, je refrène le premier mouvement de colère, en entendant ces mots insulteurs jetés d'une voix entrecoupée, et qui contrastent avec l'attitude respectueuse, presque de chiens soumis, que j'avais rencontrée chez tous les prisonniers allemands, surtout parlant à un officier.

Après cet effort, il s'est tu et est retombé sur son coude. Je le regarde fixement et d'une voix sévère je lui dis :

— D'abord qui êtes-vous pour parler aussi purement le français ?... Où avez-vous fait vos études ?...

— Je m'appelle Jean H... J'ai fait mes études à l'Université de Grenoble. École de chimie et d'électricité. J'ai habité Paris et je suis Doctor... Donc, je sais ce que je dis et ce que j'affirme.

Je hausse les épaules. La patience commence à m'échapper.

— C'est vous qui êtes un misérable de croire et de faire croire à ceux qui sont moins instruits que vous de semblables mensonges...

— Et puisque vous allez paraître devant Dieu, ce n'est pas le moment de mentir... Eh bien, sur l'honneur, le seul, le vrai responsable de cette guerre, c'est votre empereur, c'est vous tous les Allemands — et, s'il y a des assassins, c'est parmi vous...

Et comme je lis dans ses yeux ahuris qu'il ne croit pas un mot de ce que je lui dis, j'ajoute :

— Voici la vérité, la vraie, la seule, telle que nous la savons nous tous, les Français, telle que vous la savez, vous aussi, certains Allemands — et telle que vous ne la dites pas aux autres moins instruits que vous...

Et, rapidement, avec des dates, des faits, des preuves matérielles, je lui démontre la fausseté de son erreur... ou la réalité de son mensonge.

Cependant je crois que le pauvre bougre était sincère, et lorsque j'eus fini de parler, le blessé saxon effondré ne disait rien, et, comme si un voile s'était déchiré, il répétait tout bas d'un air étrange, cette fois-ci en allemand :

— *Mein Kaiser, mein Kaiser !*

Plaignait-il son kaiser ou prévoyait-il la fin qui attendait son empereur et l'empire allemand ?..

Je ne sais... et ce que je sais encore moins c'est si, dans le foin où les autres étaient blottis, il y en avait qui parlaient et comprenaient aussi bien le français...

Ce jour-là, eux aussi ont dû sentir un échafaudage d'illusions et de mensonges s'effondrer dans le *Feld-Lazareth* de Champagne...

## AUTOUR DE CHALONS-SUR-MARNE

*12 Septembre 1914.*

Nous apprenons aujourd'hui même l'étendue de la victoire, de la grande victoire libératrice par l'ordre du jour du généralissime, par les journaux de Paris qui commencent à arriver... Et l'armée Foch qui fut la cheville ouvrière de la victoire, le nœud capital, le centre de la lutte de décision, est peut-être la dernière à s'en douter.

La marche en avant depuis deux jours se poursuit : les régiments, les convois se succèdent.

La cavalerie, malheureusement trop fatiguée, a poursuivi jusqu'à la limite des forces de ses chevaux, mais les Allemands détalent encore plus vite qu'ils ne sont venus.

On ramasse des prisonniers un peu partout. — Les uns sont cueillis dans les fermes — dormant encore ivres, — d'autres viennent se rendre en paquets, certains errent à travers les bois et les marais — de véritables chasses à l'homme s'organisent. — En attendant, l'armée Foch avance vers le Nord le plus vite qu'elle peut.

Il lui faut à tout prix atteindre la Marne et la traverser avant que l'ennemi ait eu le temps de se ressaisir, de faire tête de pont et de s'organiser sur la rive droite de la rivière... Or, pour traverser la Marne, de Meaux à Vitry-le-François il ne reste plus qu'un seul pont intact, c'est celui de Châlons, le seul, l'unique petit pont de pierre étroit qu'il ne faut pas laisser aux Allemands le temps de couper...

L'armée du général Foch, ardente, précipite la poursuite. Le dernier Allemand quitte Châlons à 4 heures du matin, le premier hussard français arrive vers 5 heures... C'est une ovation folle de la population : on jette des fleurs, on apporte des douceurs. Mais la cavalerie, qui, de plus en plus se fait nombreuse, passe au trot, au galop, dans les rues et se répand dans la plaine, à la poursuite vers Saint-Hilaire, vers l'Épine, la Romanie.

Pendant ce temps-là, avec un à-propos admirable, le général Foch presse le passage de toute son armée, et c'est en colonne par seize, serrés, tassés jusqu'à la limite de la circulation, que les régiments, les convois franchissent les deux ponts de pierre étroits qui enjambent la Marne.

A la sortie, des officiers d'État-Major sont là qui canalisent le flot montant de fantassins, d'artilleurs, de convois, de cavaliers qui s'engouffrent dans les rues pour se répandre ensuite en dehors de la ville, s'étaler dans la plaine pour donner la main à l'armée Langle de Cary qui progresse à droite, et à l'armée Franchet d'Esperey qui s'avance à gauche...

Pendant des heures et des heures, des milliers d'hommes défilent, serrés. C'est vraiment un flot montant de pantalons rouges, remplaçant les tenues verdâtres allemandes, un flot montant qui apporte l'espoir et la confiance... Des anecdoctes circulent déjà.

On dit que nous devons ce pont à la présence

d'esprit et au courage de l'évêque de Châlons et de l'adjoint au maire, le seul représentant de la municipalité. Au moment où le général commandant le corps saxon voulut faire sauter le pont de pierre, l'évêque et l'adjoint s'interposèrent en disant que si une telle mesure était prise ils ne répondaient plus de la vie et des soins des 20.000 blessés allemands qui encombraient les hôpitaux et les maisons de Châlons, tandis que dans l'autre hypothèse, ils se portaient garants, sur l'honneur des soins et de leur traitement. Et le pont fut respecté... moyennant finances, paraît-il, car le Boche, même saxon, n'oublie pas le côté pécuniaire.

Non loin du pont de pierre, le pont du chemin de fer dresse l'amas de ses piles écroulées et de sa charpente tordue...

L'opération a été si radicalement faite par les Français pendant la retraite, qu'une compagnie de sapeurs du chemin de fer est en train de refaire le pont en entier.

Les uns construisent des chevalets de bois en

utilisant les grands arbres du canal, d'autres font sauter à la mine les derniers vestiges des arches, puis établissent de nouvelles assises. Les locomotives, avec des trains de wagons, apportent jusqu'au trou béant les matériaux. Le capitaine chef des travaux assure que d'ici huit jours tout sera réparé et le trafic sur Reims et Verdun repris.

*Châlons-sur-Marne, 12 Septembre.*

Les escadrilles d'aviation se sont établies autour de la ville sur tous les terrains favorables à l'atterrissage. Le parc et les services d'aviation de l'Armée sont installés dans la caserne du 106e, que les Allemands ont occupée et laissée dans un état de malpropreté repoussante, après avoir tout saccagé, tout brisé : vitres, lits, armoires, jusqu'à l'infirmerie sur laquelle ils avaient éprouvé le besoin de passer leur rage de destruction.

Aussi emploie-t-on les nombreux prisonniers

allemands qui encombrent la ville à nettoyer ; et nous éprouvons un malin plaisir à leur faire enlever avec leurs mains, les immondices dont ils sont les propres ou sales auteurs.

Toujours des prisonniers. Il en arrive par centaines, les uns cueillis dans les plaines de La Fère affamés, les autres pris dans les plaines de Reims et Souain.

Un convoi de 200 prisonniers, tout ce qui reste du bataillon de la Garde, vient d'entrer dans la cour... Un peloton du X^e^ cuirassiers les escorte. Cinq officiers allemands marchent en tête.

Les hommes, avec l'admirable discipline du soldat allemand, s'alignent d'eux-mêmes par quatre en faisant claquer leurs talons aux semelles ferrées.

Le commandant d'armes du cantonnement, Alsacien peu tendre pour tout ce qui est allemand, passe le long des rangs et interroge pour tâcher de mettre de côté tout élément alsacien, vraiment alsacien.

Arrivé devant le groupe des officiers qui se

trouve à la droite, le dialogue suivant s'engage en allemand entre l'officier français et le plus jeune des officiers allemands, junker au regard arrogant, la figure balafrée d'un coup de sabre (j'ai su depuis que c'était un cuirassier de l'escorte qui l'avait envoyé parce qu'il avait cherché à s'évader), et qui encore, malgré qu'il soit prisonnier, parade et plastronne, le verbe haut.

— Comment vous appelez-vous, monsieur ?

Le jeune junker, vingt-deux ans à peine, répond d'un ton hautain :

— Lieutenant von B..., Garde prussienne. Je suis le fils du général von B..., général directeur de l'infanterie allemande.

— Ah ! fait l'officier français, nullement ému.

— Et je demande, continue le jeune officier, sur un ton impératif et cassant, je demande à ne pas être traité comme je l'ai été ainsi que mes camarades, c'est-à-dire mélangé à nos hommes. Nous voulons des chambres séparées et une nourriture séparée. Et comme officiers, c'est notre droit.

Le ton du prisonnier est vif, presque menaçant. Le commandant du cantonnement, de plus en plus calme, répond :

— Eh bien, monsieur, vous serez traité comme tout officier français demanderait à l'être, s'il était à votre place, c'est-à-dire traité de la même façon que ses hommes... Chez nous, l'officier partage les dangers, la gloire, mais aussi les heures douloureuses de ses soldats. Il ne fait pas de compartimentage... Et l'officier français prisonnier réclame comme un honneur d'être avec les siens, de partager leurs maux, afin de les adoucir, si c'est possible.

— Je suis le lieutenant von B..., le fils du...

— Ah ! ça, reprend le capitaine qui s'anime, que voulez-vous que cela me f... ? Vous ne valez pas plus cher que les autres... Oui, j'avais pour vous, officiers allemands, en tant qu'Alsacien, encore du respect... je croyais qu'il y avait en vous des traditions d'honneur... eh bien ! vous êtes tous des compagnons et des solidaires du lieutenant von Schaffenberg... Vous le connaissez, le lieutenant von Schaffenberg, vous connaissez son histoire, n'est-ce pas ?

Au nom de von Schaffenberg, le jeune lieutenant pâlit un peu.

— Oui, von Schaffenberg, lieutenant comme vous, officier de l'armée allemande, n'a pas craint d'essayer d'achever à coups de botte et de revolver un lieutenant de dragons français blessé, à terre... Et quand il a cru que le Français avait cessé de vivre, il lui a pris ses lorgnettes, ce qui à la rigueur peut s'excuser, car c'est un objet militaire, mais son portefeuille et sa bourse, ce qui est un vol...

— Voilà ce qu'il a fait, et c'est pourquoi, vous tous officiers, solidaires de Schaffenberg, nous vous considérons pour ce que vous êtes, des voleurs et des assassins... tant que vous n'aurez pas chassé de vos rangs votre camarade.

— Qu'en dites-vous, lieutenant von B... ?

Von B... ne dit rien. Le jeune junker, la figure crispée de rage, pâle, ne dit rien. Ses autres camarades, officiers de la Garde, sont moins arrogants. L'incident est clos, mais il a porté.

Le commandant du cantonnement se tourne vers l'adjudant de service :

— Emmenez ces messieurs; même régime, même traitement que les hommes ; une sentinelle devant leur porte.

— Défense à personne autre qu'un officier de communiquer avec eux.

— Bien, mon commandant.

*Camp de Châlons, 14 Septembre.*

Les escadrilles sont disséminées autour du camp de Châlons. Ce sont les escadrilles destinées au réglage d'artillerie. Nos avions viennent de se poser sur le terrain du camp de Châlons, occupé il y a trois jours encore par les Allemands. Ils n'ont pas eu le temps de tout saccager, mais dans quel état de pillage les hangars d'aviation ont-ils été mis !

Des morceaux d'appareils, des pièces de moteurs sont dispersées de-ci, de-là. Des voitures automobiles allemandes traînent abandonnées. Le grand pylone de fer qui servait au réglage des tirs d'artillerie au temps des écoles à feu du camp de Châlons, a été abattu... Rasée la colonne de pierre édifiée par l'empereur Napoléon, ainsi que le Petit Bois, le petit bois de sapins cher à tous les aviateurs, autour duquel les générations aviatrices de la première heure, depuis 1909, ont tourné !...

Des régiments de cavalerie française occupent les hangars, des dragons, des cuirassiers dont les cuirasses, rouillées par la pluie des derniers jours, ont un aspect un peu lamentable. On se serre, pour mettre nos avions dans les hangars non démolis.

L'attaque française a été arrêtée dans tout ce coin par les tranchées allemandes, établies sur les hauteurs de Beine et de Moronvilliers, hauteurs qui dominent à la fois Reims et les débouchés du camp vers Saint-Hilaire et Souain. Heureusement que nos reconnaissances sont fructueuses : elles signalent que la ligne ennemie est établie de Berry-au-Bac à Vienne-la-Ville, derrière des tranchées formidables. On voit la trace jaunâtre de la terre remuée. On dirait de longues chenilles qui rampent et se tordent sur le sol...

Pendant un repos, entre deux réglages de tir d'artillerie, nous sommes montés au clocher de Mourmelon.

De là le panorama du duel d'artillerie se développe d'une façon admirable. On voit les éclatements des obus français et l'éclatement des obus allemands qui tombent à quelques centaines de mètres du village, on entend nettement dans le ciel le ronronnement de l'obus essoufflé qui va enfin arriver au but et éclater...

Le curé de M... est monté avec nous jusque dans le clocher et, tout en nous indiquant les points de repère voisins, il nous parle de l'occupation allemande pendant ces huit jours.

— Alors, Monsieur le curé, vous n'avez pas été trop molesté ?

— Pas trop. C'étaient des Saxons et ils se piquaient d'être plus civilisés, moins brutes que les Prussiens. Le général commandant l'armée saxonne logeait chez moi et avait tenu, sans que je lui demande rien, à me donner une sauvegarde signée de lui. Pas un soldat saxon voyant la signature de « Son Excellence » n'aurait osé porter la main sur moi, tant la passivité du soldat allemand et sa discipline sont grandes. Un jour cependant où j'avais fait une allusion en chaire à la victoire française de la Marne, je fus dénoncé comme espion et amené au mur... Et le comble, c'est que le chapelain du camp saxon avec lequel j'entretenais des relations de ministère sinon cordiales, du moins correctes, vint au moment où on m'amenait au peloton d'exécution me prodiguer ses exhortations à accepter mon sort sans défaillance...

— Et comment avez-vous été sauvé ?

— Par un aide de camp de Son Excellence, le baron de M..., d'origine polonaise, officier rallié à l'Allemagne et qui passait son temps à essayer de laver ses collègues, les officiers allemands, des accusations de brutalité et de sauvagerie qui pesaient sur eux... Il survint au moment où je m'en allais, ma douillette et mon bréviaire sous le bras, rendre mes comptes à Dieu, suivi, il est vrai, des consolations du chapelain.

Il me fit délivrer et s'excusa qu'on ait agi à mon égard avec tant de précipitation.

Puis, d'un air vainqueur, il me dit en bon français :

— Eh bien ! Monsieur le curé, croyez-vous que nous, les officiers allemands, nous soyons vraiment les brutes que vous dites ?

— Je n'ai rien répondu, mais, je vous assure, mon capitaine, je n'en pensais pas moins !

Au-dessous de nous, dans le soleil couchant, les hauteurs boisées de Maronvilliers s'illuminaient de l'éclair des grosses pièces, et nous nous disions :

« Demain, ce sera la marche en avant, la ruée vers la Meuse. »

Demain !... c'était le 15 septembre 1914.

Notre escadrille a déménagé ; nous avons été planter nos tentes plus près de Reims, entre le fort de la Pompelle et le fort de Montbré... A l'abri des hauts arbres de la ferme de M..., tout près de la route qui conduit de Reims à la ferme d'Alger, nous avons monté nos tentes d'avions et dissimulé le reste de nos tracteurs dans la cour de la ferme.

Il est indispensable d'être cachés à la vue des aéros allemands, qui, sans cesse, rôdent au-dessus de nos têtes...

Non loin de notre terrain d'atterrissage, une batterie d'artillerie lourde française est installée, dissimulée sous les gerbes de blé et les feuillages. Non loin d'elle, bien apparente, une fausse batterie s'étale : charrettes avec poteaux télégraphiques, simulant le tube du canon ; caisses simulant les voitures à munitions, rien ne manque. Et la vraie batterie cachée dans le feuillage attend le signal de l'ouverture du feu, que l'officier observateur, grâce à son poste téléphonique, déclanchera au moment voulu.

Depuis trois jours que nous sommes installés dans la ferme de M..., la vie est des plus mouvementée : reconnaissances quotidiennes avec leurs émotions intenses, réglages de tir d'artillerie, chasse aux aéros et les jours où, par suite du mauvais temps, on ne peut pas sortir, il faut travailler, coordonner les renseignements rapportés de reconnaissance, mettre sur pied le rapport qu'on fournira à l'État-Major de l'armée, sans préjudice des heures passées à vérifier les avions fatigués ou les moteurs qui ne demandent qu'à avoir une panne.

Quant à la popote de l'escadrille, établie dans la cuisine de la ferme, elle est des plus gaies. Il reste encore quelques bouteilles de champagne. Les Boches n'ont pas tout bu, heureusement !

Ce soir à six heures, alerte ! Pendant que nos reconnaissances du soir rentrent et que nos avions atterrissent, un aéro allemand perdu entre 2.500 ou 3.000 mètres nous repère dans le ciel sans nuage.

S..., le chef d'escadrille, observe à la lunette. A un moment, il crie :

— Ça y est... Repéré... Chenille noire !

En effet une traînée noire descend de l'avion. C'est la fusée qui indique, ou doit indiquer aux artilleurs allemands notre emplacement d'aviation.

— Les pilotes aux aéros, continue S... Déboitez, de 300 mètres sur la droite... en roulant. Laissez le 217 et le 212.

Ce sont deux avions fatigués qui devaient être ramenés à l'arrière. Leur perte est sans importance. La manœuvre s'exécute rapidement. Les hélices sont mises en marche et nos biplans s'en vont cahin-caha à travers les chaumes, les sillons, et viennent se ranger à 300 mètres à droite, dans un champ voisin. Dix minutes à peine se sont écoulées depuis l'apparition de l'aéro allemand, que le premier obus, bien ajusté en direction, mais un peu court en portée, tombe. Une colonne de fumée noire, puis une explosion formidable. Il est suivi de plusieurs autres, on entend dans l'air le ronflement précurseur. C'est du 105. Méthodiquement, le bombardement de notre terrain d'atterrissage s'opère. Le tir allemand, d'abord court, augmente progressivement, puis se localise en un tir d'efficacité sur le milieu du terrain que nous venons de quitter.

Les deux avions hors d'usage que nous avons abandonnés semblent se redresser fièrement au milieu de la mitraille. L'un d'eux, le 212, soulevé latéralement par le vent de l'obus, a presque chancelé, mais il s'est remis d'aplomb et les hommes de l'escadrille, qui regardent goguenards le tir des Boches s'acharnant sur des avions réformés, applaudissent.

Mais un obus, un des derniers, arrive plein centre sur le 217.

Une fumée opaque avec des flammes monte vers le ciel ; le réservoir à essence a pris feu, éclate et les morceaux d'appareil, de toile déchirée montent et retombent en tous sens.

V..., le pilote du 217 qui doit demain aller toucher au parc d'aviation un avion neuf, essuie une larme et murmure :

— Chic fin pour un avion... Regarde... Il vole des morceaux d'aile jusque dans le ciel...

. . . . . . . . . . . . . . . . .

Le soir à la popote, revenus de la chaude alerte de l'après-midi, nous causons entre pilotes et observateurs du bombardement et de notre dérobade sur la gauche du terrain.

— Oui, la farce est bonne, dit S..., le chef d'escadrille — on les a encore trompés cette fois-ci. Mais ce qui m'inquiète, c'est de savoir *qui* nous a trahi ?

Car vous le savez aussi bien que moi, nos avions sont dissimulés sous des bâches camouflées, et il n'a pas été possible à l'avion boche de repérer ce coin de terrain si on ne le lui a pas indiqué d'avance. Nous sommes entourés d'espions. Mais où sont-ils ? Qui sont-ils ? voilà ce que je voudrais découvrir — ajoute S... en prenant sa tête entre ses mains et en réfléchissant longuement.

Chacun émet une hypothèse. Les uns parlent de l'espionnage allemand supérieurement organisé et couvrant encore de ses ramifications mystérieuses le pays. D'autres sont d'avis de se méfier de certains habitants, ex-boches, naturalisés tout fraîchement français,

Ce fut, ce soir-là, comme pour les *Contes des mille et une nuits* : chacun sortait son histoire d'espion.

B... commença.

— Connaissez-vous l'histoire des chèvres blanches ?

— Non.

— La voici. C'est, dans ces parages, que la chose s'est passée. Des batteries françaises tiraient sur des objectifs ennemis et se dissimulaient le mieux possible en utilisant les abris du terrain. Mais chaque fois qu'elles se mettaient en position, les batteries étaient arrosées avec précision au bout de quelques minutes.

— Trois fois, on changea de place et trois fois elles furent touchées. Évidemment, quelqu'un indiquait l'emplacement.

— Qui ?... Le terrain était vide, en dehors des lignes d'infanterie situées à 2 ou 3 kilomètres, tapies dans les tranchées ou dissimulées dans les broussailles et les boqueteaux... Donc, aucun intermédiaire entre les Boches et l'artillerie française. On avait beau fouiller le ciel, aucun aéro allemand n'était apparent.

— Tout à coup, le chef de groupe eut une illumination. A 600 mètres devant les batteries, depuis une heure, un pâtre, insouciant du danger, menait paisiblement le long des chaumes son troupeau de chèvres, troupeau de chèvres noires au milieu desquelles une chèvre blanche se détachait.

— Certainement, c'était de ce coin-là que partaient les signaux... Le commandant de groupe fit prendre aussitôt un quatrième changement de position, sans quitter des yeux le chevrier. Celui-ci, qui s'était arrêté, indifférent aux bruits de la bataille, se remit en marche d'un air insouciant et poussa encore une fois son troupeau à la hauteur des batteries françaises, servant ainsi, grâce à la tache claire de la chèvre blanche au milieu du troupeau noir, de point de repère aux Allemands.

— Et le réglage était bon ?

— Je vous crois, excellent en direction, plus faiblard en portée : ils arrosaient 200 à 300 mètres trop court.

— Et qu'a fait le commandant d'artillerie ?

— Oh ! ce fut bien simple. Il changea une dernière fois de position ; et comme le chevrier allait se mettre en route, il donna un ordre à la dernière pièce, qui ne lança qu'un coup à mitraille sur le groupe des chèvres et de l'espion.

— Ce fut une bouillie...

— Et, flegmatique, le chef de groupe dit :

— Dommage d'employer du 75 pour une telle vermine.

— A partir de ce moment-là, le groupe d'artillerie ne fut plus inquiété...

Le lieutenant B..., qui revenait d'une division de cavalerie où il avait pris part aux randonnées de Belgique avec le corps de cavalerie, nous dit en ce moment :

— Personnellement, j'ai eu l'impression que dans tous les villages où nous passions avec nos escadrons, il y avait un service d'espionnage déjà organisé dès le temps de paix, surtout grâce à des téléphones souterrains.

— Mais la catégorie de gens dont nous nous

méfions le plus, était certainement les bergers. Nous en avons arrêté un près de R.-en-V. qui depuis dix jours rôdait avec ses moutons, se déplaçant avec son troupeau, se collant en quelque sorte à nos mouvements. Personne ne s'en méfiait. Un jour j'eus, comme le commandant d'artillerie, une illumination. Je le fis saisir par deux cavaliers de mon peloton, amener près de moi et fouiller. J'interrogeai l'homme : je le menaçai de le faire fusiller, mais rien ne bougea sur sa physionomie. On ne trouva rien sur lui, sauf un seul indice. Ses mains et ses pieds, qu'il n'avait pu arriver à camoufler, à rendre suffisamment calleux, n'étaient pas ceux d'un berger. A ce moment, l'homme se sentit brûlé et joua le tout pour le tout. « Oui, je suis un officier allemand », dit-il. Il mourut d'ailleurs crânement, sans vouloir se laisser bander les yeux.

— A partir de ce moment, la chasse aux bergers commença et quand on eut purgé le pays de cette vermine, nos mouvements ne furent plus éventés...

— Et maintenant à qui le tour ? dit S..., amusé de toutes ces anecdotes.

— A moi ! dit L..., officier d'infanterie blessé, arrivé depuis peu à l'escadrille comme observateur.

— Je connais une histoire d'espionnage, peut-être encore plus extraordinaire que toutes celles que vous venez d'entendre raconter. Elle m'a été dite par un officier de mon régiment, quelques jours après que l'aventure eut lieu.

— C'est d'ailleurs presque du « Conan Doyle » que cette histoire. La voici :

— Mon régiment, le ...e d'infanterie, battait en retraite de Charleroi vers Guise et Soissons. Un soir, le hasard des étapes amena le 2e bataillon avec le colonel et les officiers de l'État-Major du régiment à cantonner dans le village de N..., au centre d'une contrée des plus fertiles en pâturages, parsemée d'exploitations et d'élevages des plus prospères.

— Dans le village de N..., presque tous les habitants valides avaient fui devant la retraite de nos troupes et l'invasion ; presque toutes les maisons étaient closes ainsi que les grosses fermes des alentours. Quant aux pâturages, ils étaient vides.

— Et comme le colonel s'étonnait de cette absence de tout bétail, il demanda à un vieux paysan, un des rares habitants du village, si on pouvait abattre pour avoir de la viande fraîche.

— Le vieux répondit :

— Des bestiaux ? Mais il n'y en a plus, ils ont été tous réquisitionnés, mon officier... Ah ! c'est pas ce qui manquait avant la guerre. Mais depuis, les bestiaux sont tous partis. Là où ils étaient en plus grand nombre, c'était dans cette grande ferme — (et il désignait de grands bâtiments, dominant des pâturages énormes). — Peut-être bien les gens en ont encore chez eux... ?

— Le colonel envoya aussitôt son officier d'approvisionnement à la ferme en question. Mais l'officier revint en disant qu'après bien des difficultés, le fermier et la fermière, couple de cinquante ans, qui s'étaient barricadés chez eux, avaient fini par ouvrir et avaient répondu d'un air maussade qu'ils n'avaient rien, qu'ils avaient eu un peu de bétail, mais que depuis la guerre, il était parti.

— Alors, le vieux, d'un air soupçonneux, dit :

— Cela ne m'étonne pas, mon officier, qu'ils veulent pas ouvrir. Jamais personne n'allait dans leur ferme... *Ce ne sont pas des gens du pays*, et puis ils mentent fort en disant qu'ils n'avaient qu'un peu de bétail sur pied. Moi, je vous jure qu'il y a encore quinze jours, ici, il y avait 500 têtes de bétail dans tous les prés que vous voyez.

— Cinq cents têtes de bétail, dit le colonel, et où ont-elles passé ? Vous souvenez-vous d'avoir vu le maire ou un officier venir les réquisitionner ?

— Ah ! ben ouich !... j'ai rin vu du tout. Un jour, les vaches, les viaux, les bœufs, tout cela a disparu, comme si il y avait eu une sorcellerie autour de cette ferme !... Et puis, voulez-vous que je vous dise, mon colonel ? Allez-y voir. Il y aura peut-être des choses drôles chez eux.

— Intrigué, le colonel commande une section de piquet et fait cerner la ferme. Puis, suivi de ses officiers, il se fait ouvrir la porte.

— Le couple a l'air à la fois maussade et arrogant.

— Ils prétendent n'avoir eu que quelques troupeaux, maintenant réquisitionnés. D'ailleurs, les officiers peuvent fouiller.

— On fouille les bâtiments ; les étables, en effet, sont presque vides ; mais, chose étrange, la quantité de foin pour le bétail, déposé dans les granges, ne correspond pas à l'exiguïté des étables.

— C'est louche... et cependant rien qui permette un soupçon...

— Les officiers vont se retirer, quand l'un d'eux dit au fermier :

— C'est bien... On a visité jusqu'aux greniers... Mais la cave ? Montrez-nous votre cave ?...

— Le fermier hésite.

— Je n'ai pas de cave.

— Du moins aucune porte n'est apparente... Alors on se met à sonder et l'on arrive à une trappe qu'on lève. Un chemin en pente douce remplace l'escalier. La rampe est coupée de petits tasseaux de bois comme sur les ponts volants des bateaux.

— De plus en plus intrigués, le colonel et les officiers poussent le fermier et la fermière devant eux, revolvers braqués.

— Montrez-nous le chemin. Au premier geste, on vous brûle...

— Le fermier obéit. Les officiers et les hommes descendent et arrivent, au bout de quelques mètres, dans une série de galeries spacieuses, confortables et aménagées en étables, dans lesquelles plusieurs centaines de bêtes à cornes sont rangées.

— La ventilation se faisait par des vantaux donnant sur la campagne, sous des broussailles ou des pierres... Quant au fourrage, le fermier et la fermière le descendaient des granges... Un téléphone de cave complétait l'ameublement et unissait plusieurs autres fermes.

— L'affaire du couple fut réglée instantanément. On découvrit que, placés là pour constituer un approvisionnement pour l'armée allemande, ils avaient de nuit enfermé le bétail et répandu le bruit qu'il était réquisitionné. On les fusilla sur le bord de la route et le régiment reprit sa marche, en poussant devant lui de nombreux troupeaux.

— Quant à la ferme, on n'eut pas le temps de la

détruire et elle est encore entre les mains des Boches !

— Eh bien, dit à ce moment le chef d'escadrille, pour résumer la question, il est certain que nous avons été, dès le début, entourés d'un réseau d'espions extrêmement serré, et, chose plus grave, d'espions intelligents, connaissant admirablement le pays et cachant des officiers allemands des plus distingués...

— Cependant, un semblable espionnage est en somme normal pour une puissance militaire ; ce qui, à mon avis, est beaucoup plus troublant, c'est l'espionnage provenant de personnes occupant une situation officielle dans le pays, et sur le compte desquelles le soupçon ne parvient que difficilement à s'égarer...

— C'est ce qui malheureusement est arrivé quelquefois. Voici un fait dont j'ai été témoin, il y a quinze jours, aux environs de S..., où mon ancienne escadrille était campée.

— S... est, comme vous le savez, un gros village qui se trouve à environ 12 kilomètres des tranchées de première ligne, c'est un gros centre d'approvisionnement, de ravitaillement ; la gare sert de gare de ravitaillement pour la ...e armée.

— Dans S... en général il y a peu de monde, sauf deux ou trois ambulances et quelques formations automobiles. Mais la ville s'anime aux heures de distribution et d'arrivage des trains de ravitaillement.

— Or la ville, qui, en général, n'était jamais bombardée, l'était de préférence à ces heures-là. On avait eu beau changer l'heure de la distribution, rien n'y faisait, les marmites arrivaient toujours au moment opportun.

— Mais, chose plus grave, c'est surtout sur les trains chargés de munitions pour les parcs d'artillerie voisins, que le tir de l'ennemi était le plus efficace. Par deux fois, à des heures différentes, le train de munitions fut bombardé et faillit sauter...

— Évidemment, quelqu'un, fort au courant de tous ces mouvements de ravitaillement, prévenait les batteries allemandes et déclanchait le tir ; on émit plusieurs hypothèses : celle du téléphone de cave et celle des signaux optiques. Les maisons furent fouillées : on ne trouva rien. Les signaux par lumière furent épiés : on ne vit rien.

— Or, un jour, par une réclamation d'un mécanicien de locomotive, on apprit la chose suivante :

— Afin de permettre au personnel de la gare de pouvoir préparer les équipes de débarquement, le titulaire de l'emploi de chef de gare (qui avait remplacé le chef de gare tué à son poste au moment de la marche en retraite) avait donné l'ordre aux mécaniciens des trains convoyeurs de stopper au disque et, après l'appel au disque, d'indiquer par un certain nombre de coups de sifflet le chargement qu'ils portaient, soit ravitaillement en munitions, soit ravitaillement normal en vivres... Ces coups de sifflet suffisaient à indiquer aux batteries allemandes l'arrivée d'un train, et aussitôt le train, surtout le train de munitions (qu'on faisait arriver principalement de nuit pour ne pas être repéré en plein jour) était encadré d'obus...

— L'affaire fut vite instruite : le faux chef de

gare arrêté, ainsi qu'un employé qui l'aidait à cette sale besogne.

— On les fusilla après rapide enquête...

— Et depuis, les convois arrivèrent sans encombre.

— Comme vous voyez, toutes les ruses sont bonnes, et on ne saurait jamais prendre trop de précautions contre cette vermine-là.

## LA BATAILLE POUR REIMS

*Reims, 25 Septembre.*

Depuis dix jours les Boches s'acharnent sur la ville et sur la cathédrale.

Ce sont les faubourgs du côté Est et, en particulier, le faubourg de Cérès, ainsi que le centre de la ville qui ont le plus souffert.

La cathédrale, qui, dès les premiers obus, a été visée, a servi naturellement de point de repère au tir allemand. Elle est là, devant nous, dressant sa haute stature de pierre au-dessus des ruines fumantes de l'archevêché, des maisons écroulées, des quartiers dévastés.

Les premiers obus sont d'abord tombés sur la toiture, défonçant la charpente, brûlant ou assommant les blessés allemands qui étaient soignés dans la grand nef.

Puis, d'autres obus incendiaires sont tombés à droite et à gauche, allumant des incendies le long des échafaudages de bois qui garnissaient les tours.

Chose étrange : en brûlant, les échafaudages ont tellement chauffé les pierres, que celles-ci sont devenues toutes blanches, et que l'on a l'impression, sur certaines parties, d'une cathédrale toute neuve surgie du sol...

Mais ce n'est qu'une illusion passagère.

La verrière centrale défoncée, les éclaboussures d'obus sur le porche, fauchant les admirables statues de pierre, ramènent vite à la réalité.

Les vitraux qui tamisaient une lumière unique sont tous brisés. Heureusement que les tapisseries qui garnissaient les parois latérales, les admirables tapisseries qui étaient l'orgueil du sanctuaire, ont été enlevées...

A l'intérieur, tandis que nous pénétrons, des tas de paille, de chaises, de lits de blessés et de charpente continuent à brûler ; on voit même les formes imprécises de cadavres complètement carbonisés.

Ce sont, pour la plupart, des blessés allemands; malheureusement, plusieurs de nos dévouées infirmières ont été aussi atteintes, et certaines gravement blessées.

Depuis deux jours, le bombardement s'est un peu ralenti ; mais cette accalmie ne sera pas de longue durée.

Ils veulent abattre la cathédrale : et *elle*, toujours debout, mutilée, mais superbe d'allure guerrière, continue à dominer de sa haute stature la plaine environnante, les falaises de Brimont et de Nogent-l'Abbesse, exaspérant par sa résistance et son bloc inébranlable le commandement allemand.

Détail touchant : sur la place du Parvis, la statue de bronze de Jeanne d'Arc se dresse, intacte, en dépit des éclaboussures des shrapnells et des pavés pulvérisés ; des mains pieuses ont garni les grilles de bouquets de fleurs fraîches ; et la bonne Lorraine, dressée sur ses étriers, le glaive au poing, semble prête à marcher sur les nouveaux ennemis de la France.

Dans les rues de Reims, en dépit du bombardement, la population circule. Certaines précautions sont prises. Des postes de pompiers avec des tonneaux veillent en permanence ; les volets des magasins sont fermés par crainte des éclats d'obus : mais en somme, on peut dire, sans crainte d'être démenti, que la vie normale de cette vaillante population n'est pas suspendue... Seuls, les tramways ont arrêté leur mouvement.

Une des artères qui a été la plus visée est certainement le boulevard du Lundy ; il est fort bien connu de tous les Allemands. C'est le quartier riche, le quartier aristocratique par excellence des grands propriétaires de vignobles de champagne, le quartier où s'élèvent leurs somptueux hôtels particuliers...

Là, plus qu'ailleurs, le contraste entre la vie luxueuse du temps de paix et l'horreur de la guerre est saisissant.

Certains obus ont coupé la façade en deux, ouvrant à nos regards l'intérieur, la vie intime de la maison : et tantôt c'est un salon, une chambre à coucher luxueuse, une salle de bains qui apparaissent par l'ouverture béante. Quelquefois l'obus, sans force, n'a fait qu'un trou ; d'autres fois il a éclaté en s'aplatissant dans la façade, projetant des éclaboussures en étoile...

Au sud de la ville, sur un plateau qui domine au loin la plaine de Châlons, le canal de la Vesle, et les pentes des vignobles de la montagne de Reims, s'élève le Collège d'athlètes.

C'est dans ce site admirable, au milieu de vallons harmonieux, de plates-formes soigneusement gazonnées, qu'il a été édifié.

Tout avait été prévu pour la joie du corps et le repos des yeux : pistes cendrées sur lesquelles les athlètes s'entraînaient, frais bosquets, piscines et bâtiments de gymnastique enfouis sous le feuillage...

C'était là un coin bien français, la manifestation

à la fois du renouveau de notre race et de notre culture artistique.

Et c'est probablement pour cela, pour imposer à leur tour leur Kultur, que les Allemands s'acharnent dessus, quoique la position n'ait absolument aucune importance militaire.

En rasant les murs, nous arrivons jusqu'à l'entrée du Collège d'athlètes. Une compagnie d'infanterie est installée à l'intérieur. Elle a creusé des trous dans le flanc du vallon et s'est abritée contre le tir des grosses marmites... Tout est ravagé...

— Voyez, me dit le capitaine qui nous fait les honneurs, ils tirent systématiquement sur les bâtiments, ils ne sont pas encore atteints, mais cela viendra...

Dans les pistes cendrées, autrefois soigneusement ratissées, les 105 ont labouré le sol. Des barrières et des arbres gisent fauchés, tandis que des statues de marbre, répliques de statues grecques, sont encore intactes sur leurs socles, au milieu des excavations d'obus. Deux marmites viennent de tomber : nous nous abritons à la hâte comme nous pouvons dans les trous... Et soudain, un fracas épouvantable, non loin de nous, fracas de vitres pulvérisées.

Un obus est tombé plein centre sur le grand hall qui servait aux beaux jours passés de salle d'exercices.

— Ça y est, dit flegmatiquement le capitaine ; j'espère que maintenant qu'ils l'ont f... par terre, ils nous f... la paix.

Curieux, nous allons voir...

C'est la fin, c'est le désastre complet. Tout a été bouleversé, il ne reste plus rien de ce qui fut les salles de gymnastique.

Pauvre Collège d'athlètes, à la conception si française, aux formes harmonieuses, symbolisant toute une époque, tout un renouveau, et toute une race !

. . . . . . . . . . . . . . . . . .

*Ferme d'Alger, près Reims. 26 Septembre.*

Les Allemands veulent prendre Reims — au prix de n'importe quelles pertes.

Aussi les attaques allemandes se multiplient-elles au sud et à l'est de Reims, entre les hauteurs de Nogent-l'Abbesse, le canal de la Vesle et la ferme d'Alger.

C'est dans ce secteur que les attaques ont atteint le maximum d'intensité : la Garde prussienne y a pris part et, comme à la Fère-Champenoise, elle y a trouvé encore son tombeau...

Depuis la veille, grâce à un radio allemand intercepté, on savait que l'ordre de l'empereur d'Allemagne était : « Attaque générale, percer entre Reims et Châlons ». Et de fait, à partir de l'aube, les attaques ont commencé, pendant que l'activité des aéroplanes allemands, d'ordinaire calmes,se manifestait sous forme de bombardement sur Reims, le camp de Châlons, Épernay et Châlons.

Dans le petit coin de champ du bataille qui se trouve sous nos yeux, l'attaque est menée par plusieurs bataillons de la Garde ; ils s'avancent en masse, sans tirer, un rang remplaçant l'autre au fur et à mesure qu'il est fauché... Certains disent qu'ils s'avancent au pas de parade...

Devant la poussée allemande, le bataillon français qui lui est opposé est débordé, décimé par le feu de l'artillerie allemande et impressionné par cette marée humaine que le feu des mitrailleuses et des fusils n'arrête plus.

Mais à 400 mètres derrière nous, renseignées par des observateurs de tranchées, les batteries d'artillerie lourde de 105 et de 120 français ont su le danger.

Soudain, avec un fracas épouvantable, leur tir se déclanche. Les obus passent au-dessus de nos têtes, roulant avec un ronronnement grave dans le ciel.

Surprise sous l'avalanche, la ligne allemande reste clouée sur place.

Les explosions suivent les explosions : des gerbes de flammes, des corps déchiquetés, de la terre remuée jaillissent du sol et retombent. Malgré les cris des officiers, malgré l'arrivée de réserves incessantes, la ligne allemande ne peut plus progresser ; elle semble figée au même point : c'est l'hécatombe.

Et soudain on voit nettement à la lorgnette la ligne, jusqu'alors immobile, osciller, puis littéralement se fondre, s'écraser sous la rafale de mitraille...

C'est la débandade de la Garde qui commence.

Derrière nous, les gros canons continuent de cracher leurs obus : impassibles, les artilleurs continuent leur besogne qu'ils ignorent et ne voient point, cependant que les gros monstres d'acier à chaque coup reviennent automatiquement en place, grâce à leurs grandes roues à plate-forme, qui leur assurent un appui et un pointage constants.

Pendant toute cette attaque contre le Canal, le tir de l'artillerie a été dirigé par les officiers d'artillerie placés dans les tranchées de première ligne, le téléphone à la main.

Mais lorsque les réserves allemandes ont apparu, le tir de barrage a été, au contraire, réglé et déclanché par notre escadrille adjointe à l'artillerie et qui survolait le terrain de l'attaque.

Aujourd'hui ce sont nos camarades de la Bl. 20 qui marchent : nous, nous sommes de piquet, en réserve.

Et vraiment la besogne que font aujourd'hui les escadrilles d'artillerie est admirable de précision et d'efficacité.

Dans ce rôle d'aviation d'artillerie, que de progrès faits depuis le début de la guerre ! Que de progrès en deux mois !

Au début, il faut l'avouer, nous avons été surpris par la méthode scientifique et précise de l'aviation allemande, tant au point de vue repérage d'objectif que réglage du tir. Leurs fameuses fusées, qui amenaient instantanément le tir de l'artillerie allemande sur nos formations d'infanterie, avait jeté dans l'esprit du fantassin français une appréhension légitime.

A notre tour, nous avons repris les mêmes méthodes et, grâce aux qualités d'assimilation et de souplesse de notre race, nous les avons immédiatement perfectionnées.

Nous aussi, nous avons eu nos fusées, fusées de différentes formes et couleurs qui, combinées à certaines positions de l'avion, constituaient un code de signaux chiffrés pour les batteries d'artillerie.

Mais le système était défectueux : souvent (et avec quelle rage l'avons-nous constaté), la fusée ne partait pas, le rugueux fonctionnait mal, ou bien la force du vent était telle que tout virage, volte ou mouvement devenait impossible ou était tellement déformé, qu'il devenait incompréhensible pour les artilleurs des batteries.

Alors la fusée fut abandonnée et remplacée, après quelques tâtonnements, par la T. S. F. l'appareil idéal qui, grâce à quelques signaux conventionnels, permet à l'avion qui croise dans les airs de rester en communication constante avec le commandant de la batterie, lui permet de rectifier instantanément son tir, et en quelques coups bien réglés de déclancher le tir d'efficacité, comme nos artilleurs venaient de le faire si heureusement sur les réserves allemandes débouchant de Beine et de Nogent-l'Abbesse

## RECONNAISSANCE ET RÉGLAGE DE TIR MOUVEMENTÉS

*Terrain de Montbré, 28 Septembre.*

Aujourd'hui, c'est à notre escadrille d'être de service pour le réglage du tir d'artillerie du groupe de 105 et 120, placé en position d'attente derrière notre terrain d'atterrissage.

Le commandant du groupe d'artillerie a convoqué le chef d'escadrille, ses pilotes et observateurs : il s'agit de repérer l'emplacement d'une batterie lourde allemande qui se trouve à 10 kilomètres de nous environ, et probablement dans le secteur Moronvilliers, Nogent-l'Abbesse, Ferme d'Alger.

Cette batterie, qui a déjà fait subir de lourdes pertes à nos lignes d'infanterie, est insaisissable : c'est celle qui nous a si copieusement arrosés l'autre soir et a provoqué notre déménagement hâtif ainsi que la destruction d'un avion.

Malgré les nombreuses reconnaissances faites ces jours-ci, il a été impossible, soit par la vue, soit par la photographie aérienne de repérer son emplacement : nos artilleurs sont un peu exaspérés de ne pouvoir arriver à réduire au silence son feu meurtrier.

Le colonel M... qui commande le groupe des batteries françaises, ne cache pas son désappointement.

— Nous possédons peu d'éléments d'appréciation sur la position de cette satanée batterie boche, nous dit-il...

—Comme direction générale d'après mes calculs, d'après les points de chute, j'arrive à opiner pour une direction sensiblement est-est-nord, qui passerait par l'A d'Alger et l'F de la ferme Hurlot, continue-t-il en nous montrant la carte...

— Quant à la distance, l'examen d'une fusée retrouvée intacte et la lecture du point où elle a été débouchée nous donne la distance de 10 kil. 500.

— Enfin, d'après les ravages qu'ont faits les

marmites, je conclus que c'est de la grosse artillerie, de la très grosse, qu'on ne cache pas dans un mouchoir de poche.

— C'est à vous, messieurs les aviateurs d'arriver à découvrir cet emplacement... Jusqu'ici, les coups de sonde n'ont donné aucun résultat... J'ai pensé à une autre méthode, qui, je crois, sera peut-être très efficace.

Et il explique au chef d'escadrille son plan : avoir toujours au-dessus de l'emplacement de la batterie présumée, un avion en observation, l'un remplaçant l'autre dans sa faction.

Évidemment ce sera un peu dur pour le matériel et le personnel, mais c'est, logiquement, la seule solution.

Nous nous partageons les quarts de faction. La première faction qui commence à la pointe du jour pour se terminer à six heures du matin m'échoit : tant mieux, on sera moins secoué par les remous. Par contre, nous la reprendrons de six heures du soir au coucher du soleil, c'est-à-dire vers sept heures, sept heures et demie.

Ce matin à la pointe du jour, nous faisons nos préparatifs de départ avec mon pilote habituel le maréchal des logis B...

Au moment où l'hélice va être mise en marche, le colonel S... s'approche de l'appareil et nous crie :

— Vous avez bien compris... vous attendrez là-haut que le camarade vous remplace... La continuité, la continuité dans l'observation... Et trouvez-*la* ! J'en fais mon affaire en trois coups !

Contact, ronflement de l'hélice et montée rapide vers le ciel ; le petit B..., sous-officier pilote, qui me conduit est un pilote ardent et adroit, son appareil rend bien ; il monte presque vertical vers le ciel : c'est un véritable ascenseur... Je regarde ma montre : 500 mètres en trois minutes. C'est vertigineux...

Je regarde...

En bas, le panorama habituel du champ de bataille, connu, repéré, archirepéré par nos avions, se développe... Les grandes plaines avec leurs sillons qui forment des damiers, le luisant des cours d'eaux, quelques taches blanches marquent les explosions des obus, ou l'éclair imperceptible de coups de fusil ; puis de grandes traces blanchâtres comme des traces de larves sur le sol : ce sont les tranchées montrant leur terre marneuse fraîchement remuée, véritable réseau d'araignée dont les fils embrouillés s'avancent au-devant l'un de l'autre, pour se perdre au contraire de part et d'autre dans la campagne en amorces clairsemées...

Tandis qu'à travers le halo produit par l'hélice qui tourne devant moi, j'observe la terre, quelques balles sifflent à nos oreilles. L'une d'elles, en traversant le plan de gauche, fait entendre un petit claquement.

Au moment de franchir les lignes ennemies, les mitrailleuses pointées contre avion ont dû nous saluer au passage.

Je crie en me retournant vers le petit B..., mon pilote :

—Je crois qu'on nous canarde. A combien sommes-nous ?

— Mille cinq cents mètres, mon capitaine.

— Eh, eh ! ce n'est pas très haut, B... !

— Oh, mon capitaine, tant qu'il n'y a pas de la *grosse*, ce n'est pas dangereux ! répond B... flegmatique.

Pour lui, la grosse, c'est l'artillerie contre avion, la seule chose vraiment redoutable dans nos reconnaissances aériennes. L'arme précise qui pulvérise l'avion, le fait retomber en flammes.

Les Allemands sont passés maîtres dans l'art de nous encadrer de leurs salves, et chaque jour nos sorties deviennent de plus en plus précaires, difficiles, en nous forçant à voler très haut...

Quelques balles sifflent encore autour de nous, mais elles doivent être sans grande force à la hauteur où nous nous trouvons.

Je finissais à peine de parler à mon pilote que j'aperçois un paquet de fumée blanche environ à 800 mètres devant nous et à 100 mètres au-dessous.

B... me crie :

— Mon capitaine, v'là la grosse !

En effet le paquet blanc est suivi d'un autre

et bientôt c'est tout un barrage d'obus qui se dresse à quelques centaines de mètres comme pour nous couper la route.

Bigre ! la minute est désagréable.

Instinctivement je me retourne pour voir si la route est libre à l'arrière. Cinq cents mètres derrière nous un autre barrage d'obus est en train de se former ; mais celui-là est heureusement beaucoup plus bas ; l'erreur est au moins de 500 mètres en hauteur...

B... à son tour s'est retourné.

Le danger est pressant car la fourchette allemande va se resserrer et nous encadrer.

Pour ne pas trop penser au danger au milieu duquel je demeure spectateur passif, pour ne pas paralyser l'action du pilote qui, par son adresse, va essayer de sortir du guêpier, j'essaye de fixer mon esprit en observant le sol et en déterminant le point d'où partent les obus...

Je repère assez vite l'endroit, grâce aux lueurs ; les batteries de canons verticaux doivent être dans le chemin creux qui contourne la ferme de

M..., derrière le boqueteau de sapins qui s'étend à sa droite.

Sur le plan au 20.000e je note d'un point rouge l'emplacement. Si nous sortons d'ici indemnes, cela pourra servir...

Pendant ce temps, B..., de qui je connais la présence d'esprit et la hardiesse, a pris une décision : piquer au sol pour dépister les tireurs ? avec en dessous, les mitrailleuses qui m'arrosent, c'est trop dangereux. Monter plus haut ? Nous sommes déjà à 2.200 mètres. A quelques centaines de mètres de nous de gros nuages blancs roulent leurs volutes, faisant un dôme d'ouate impénétrable qui nous cache le soleil. B... n'hésite pas, il va rentrer dans ce brouillard...

Heureusement qu'un peu à droite il aperçoit entre deux nuages qui ne sont pas encore agglomérés une cheminée haute de 300 mètres dont les parois de ouate blanche sont verticaux et distants de 50 à 100 mètres... Nous montons là-dedans en spirales. Les derniers obus allemands ont disparu à nos yeux...

Adieu, pour cette fois la fourchette et le barrage...

Nous sommes hors de leur vue et sauvés !

La cheminée est vite escaladée et au débouché nous trouvons un beau soleil ardent, avec une mer de nuages au-dessous de nous.

Ce couvert providentiel va nous permettre de dépister les canons aériens.

Et puis pour comble de bonheur dans la mer de nuages qui s'étend à quelques centaines de mètres sous nous, des fenêtres spacieuses sont ouvertes sur la terre, larges baies par lesquelles le soleil perce et tombe sur la montagne de Reims, les hauteurs de Brimont et de Nogent-l'Abbesse et par lesquelles tout à notre aise, nous allons pouvoir observer et rechercher l'emplacement de la fameuse batterie lourde...

Recherches patientes pendant une heure, tantôt au-dessus, tantôt au-dessous des nuages, équilibrés entre 2.000 et 2.500 mètres.

Mais aucun résultat ; j'ai beau fouiller les quelques kilomètres de terrain où je dois trouver l'objectif, rien n'apparaît ; aucune lueur dénonciatrice d'une batterie en action.

Évidemment les artilleurs boches ont dû nous repérer ; en nous voyant disparaître ils ont dû se douter que nous restions là pour les épier ; et ils se taisent pour ne pas être dénoncés.

Voilà près de deux heures que nous tournons... Toujours rien.

A un moment donné, B... me crie :

— Mon capitaine, un Boche, à notre droite, vous voyez ce point noir.

Là-bas, en effet, un point noir grandit, c'est un avion. J'ai saisi le fusil à répétition ; et nous commençons à nous élever pour prendre de la hauteur et mieux attaquer par-dessus... Mais, réflexion faite, je pense :

« Ce doit être le lieutenant M..., notre remplaçant de faction... Inutile de s'alarmer. »

Néanmoins, attentifs nous suivons la marche de l'avion qui pique sur nous, cherchant à saisir le détail de l'avion, de la forme de l'aile, qui nous renseignera sur sa nationalité... A 2.000 mètres entre deux nuages le problème n'est pas si facile ! Mais bientôt plus de doute ! C'est un des nôtres : nous avons reconnu sa queue ; nous pouvons redescendre...

Et tandis que le camarade qui nous rejoint fait une volte au-dessus de nos têtes, nous reprenons le chemin du terrain d'atterrissage. Mais notre première alerte nous a rendus prudents. Nous faisons un large contour vers Reims pour éviter le fameux chemin creux, le guêpier maintenant repéré...

Dix minutes après, atterrissage sur le terrain : le colonel commandant le groupe d'artilleurs, impatient, vient vers nous.

— Eh bien ? fait-il, interrogateur.

— Rien vu, mon colonel ; pas la moindre batterie en action dans ce secteur, du moins rien de visible à nos yeux.

— Cela ne m'étonne pas, depuis le lever du jour, depuis qu'ils vous ont vu prendre la garde au dessus d'eux, ils ne tirent plus...

— Qu'est-ce que vous voulez, mon cher, c'est toujours autant de soulagement pour notre infanterie et nos artilleurs... Tant qu'il y aura un de nos avions en l'air, ils ne bougeront pas, de peur d'être repérés.

Le colonel a raison. Si nous ne découvrons pas la batterie, du moins nous la paralysons pendant douze heures.

Les ordres du commandement allemand (nous l'avons su par les papiers officiels trouvés sur des prisonniers ou des morts), sont très formels. Ils disent en substance :

« Dès qu'un avion ennemi paraît *toute vie doit cesser.* »

L'expression du commandement allemand est énergique et imagée : *toute vie doit cesser.*

Et de fait l'ordre est exécuté, puisqu'à notre apparition les batteries se taisent, les hommes se tapissent sous les couverts et les voitures et les canons sont dissimulés rapidement sous des branchages.

D'après les dires de prisonniers, des guetteurs

sont placés dans toutes les batteries, dans tous les cantonnements pour signaler dès que possible la présence des avions.

Allez, après cela, faire de l'observation...

Pendant toute la journée, les départs de deux heures en deux heures se succèdent sans incident ; les renseignements rapportés sont toujours désespérément les mêmes, c'est-à-dire purement et simplement négatifs : on n'a rien vu. Par contre la batterie lourde boche est toujours muette.

Le colonel S... jubile et se frotte les mains.

— Je ne sais pas si on les trouvera ; en tous cas ce qu'ils doivent être en rogne, les confrères allemands !...

— D'accord, mon colonel, reprend le chef d'escadrille, mais qu'est-ce que nous allons prendre cette nuit, quand le dernier avion sera des-cendu.

— A quelle heure votre dernier ?

— A la dernière lueur du jour au sol, mon colonel, à cause de l'atterrissage, c'est-à-dire entre

7 h. 20 et 7 h. 30. C'est au capitaine V... avec B... comme pilote, à partir...

Nouveau départ, nouvelle montée. Le jour commence à baisser sur le sol, mais au fur et à mesure que nous montons, nous trouvons la clarté.

Nous revenons, après avoir encore essuyé quelques balles au-dessus des tranchées, nous mettre en faction au-dessus du secteur. Comme dans les jeux d'enfants je pense en moi-même que « nous brûlons », et que nous ne devons pas être loin de l'objectif à trouver puisqu'il est muet.

Pas loin de nous, une forme noire passe en se dirigeant vers l'ouest : c'est l'avion que nous remplaçons.

En bas, sur la terre, l'ombre s'épaissit de plus en plus, les feux lointains des cantonnements allemands s'allument.

Reims brûle encore ; les incendies allumés par les obus allemands jettent des lueurs rouges sur la masse sombre de la ville. Les lueurs des batteries allemandes de Brimont et de Nogent-l'Abbesse sont maintenant plus perceptibles qu'en plein jour...

Mais au-dessous de nous, rien.

Nous sommes toujours éclairés, là-haut à 2.200 mètres, mais en bas, l'ombre de plus en plus envahit la terre.

Il faut se décider à descendre.

— On fait demi-tour, B... ?

— Pas encore, mon capitaine, on peut encore attendre cinq minutes. Ils vont peut-être se décider à tirer, surtout s'ils ne nous voient plus.

Brave B... sa ténacité a eu du bon.

Car voilà qu'en bas, dans un coin que j'ai, pendant des heures, repéré, je vois sortir les éclairs de coups de canon... Est-ce la fameuse batterie, ou une autre ? En tout cas elle était bien dissimulée.

Les lueurs partent en plein de l'intérieur de la cour d'une ferme qui pendant le jour avait l'air absolument abandonnée et vide...

Nous n'insistons pas. Je note exactement le

point et nous reprenons le chemin du terrain d'atterrissage. C'est un peu au jugé que nous naviguons vers le sol, car la nuit est devenue complète. Heureusement que le chef d'escadrille a fait sortir ses lampes, grands phares projecteurs qui servent aux atterrissages de nuit.

Déjà à une distance de 5 kilomètres environ nous reconnaissons parfaitement les signaux qu'on nous fait. Nous piquons droit dessus sans attendre davantage.

Un peu aveuglé par les faisceaux lumineux, B... atterrit, contre son habitude, un peu dur.

Plaquage au sol de l'avion !

Mais l'important est d'être arrivé et d'apporter le renseignement.

Le colonel est là, impatient de savoir. Je lui crie, joyeux :

— Mon colonel, voici les renseignements. Je viens d'apercevoir, juste au moment de descendre, des lueurs partant de la ferme de M... Voici le point marqué sur ma carte... près de la cote 130. C'est de l'intérieur de la ferme que les canons tiraient.

— A quelle heure avez-vous remarqué les premières lueurs ?

— A 7 heures 35, mon colonel.

— Eh bien, mon cher, vous avez tapé juste. C'est *elle*, et nous la tenons, car à 7 heures 40 les premiers gros crapouillots allemands sont tombés sur nos lignes. Mes observateurs de tranchées viennent à l'instant de me le téléphoner... Donc il n'y a aucune hésitation. On va les museler ; car ils vont allonger leur tir et ils seront d'autant plus prolixes de munitions que voilà douze heures qu'on les empêche de cracher : ils doivent être enragés.

Le soir est tombé ; derrière nous les grosses pièces françaises tirent méthodiquement : l'éclair de leur coup troue la nuit sombre. Depuis dix minutes que leur tir est déclanché, c'est un vacarme épouvantable ; mais combien cette musique résonne agréable à nos oreilles.

Nul ne se doutera de la jouissance qui pouvait être en nous en songeant à l'avalanche d'obus qui tombait sur la ferme et la batterie allemande.

Au bout de trente minutes d'un feu d'enfer, le colonel commande la cessation du feu.

Dans la nuit on attend la riposte allemande. Rien ne vient. Rien.

Le colonel S... jubile. Son tir d'efficacité a tapé juste. Mais, malgré ce silence des Boches, il nous tarde de savoir de *visu*.

Le lendemain matin, aux premières lueurs du jour, avec mon pilote B..., nous montons et venons reprendre sans incident notre place à notre poste d'observation de la veille.

En bas, sur le coin du terrain indiqué, c'est une véritable écumoire, entonnoirs provenant des trous d'obus se touchant ou chevauchant même les uns sur les autres.

Quant à la ferme, c'est un écrasement total, il n'en reste plus aucune trace : elle est pulvérisée, on voit juste l'emplacement jaunâtre du bâtiment écroulé sur le sol...

A la lorgnette, je fouille les décombres : aucune vie n'apparaît. La batterie allemande, surprise en pleine action, a dû être littéralement réduite en miettes par cette avalanche de fer...

Quand nous sommes redescendus, le colonel S... nous a embrassés ; nous, nous avions le sourire, le sourire modeste mais triomphant, et je pensais en moi-même :

« Bigre, nous faisons plus qu'assimiler les méthodes allemandes d'aviation... nous les dépassons. »

Allons, nous tenons le bon bout dès maintenant... ne le lâchons plus...

## UN ÉPISODE
## A LA D'ESPARBÈS

*30 Septembre, sous Reims.*

Cette semaine, qui fut marquée par une attaque générale de l'armée allemande et par l'écrasement de la Garde prussienne à nouveau sous Reims, nous a valu de nombreux prisonniers.

Dans les moments d'accalmie, entre deux vols, une de nos distractions favorites est de regarder passer, sur la grande route qui coupe notre terrain d'atterrissage, les convois de prisonniers qu'on évacue vers l'arrière, soit vers Châlons ou vers Épernay.

Ils ont tous l'air, en général, déprimés, ils sont nu-tête ou coiffés de leur casquette ronde (le casque boche faisant prime aux yeux des poilus).

C'est en général la cavalerie, cantonnée un peu en arrière de nous, qui est chargée du service d'escorte, et en particulier les gros frères, qui se plaignent d'ailleurs amèrement d'en être réduits à ce métier sur le champ de bataille moderne...

Hier précisément, un important convoi de plus de 300 Allemands (tout ce qui restait d'un bataillon de la Garde) a fait halte pendant une heure au bord de la route : c'étaient les cuirassiers de la ...e brigade qui les escortaient.

Reconnu dans l'escorte des camarades de garnison : nous les avons invités à casser une croûte à la popote de l'escadrille, pour leur permettre de décrocher leurs cuirasses.

Naturellement, on a causé aviation et cavalerie, et F..., immense cuirassier revenu des grandes randonnées de Belgique, très fanatique de son arme et navré de la voir passée pour le moment au second plan, nous dit un peu narquois :

— Mais vous savez, messieurs les aviateurs, il n'y a pas que vous, pour démolir des avions ennemis...

— Quelques cavaliers bien déterminés sont encore capables de faire plus de mal à une escadrille que les aviateurs eux-mêmes.

— Témoin l'histoire arrivée, au moment de la poursuite, au lieutenant K..., qui, à lui seul, a détruit six avions allemands.

— Pas possible.

— Ma parole... Ce n'est pas du roman, c'est de la réalité bien française et bien cavalière...

— C'est étonnant que vous, aviateurs ne connaissiez pas cette histoire : c'est une épopée à la d'Esparbès... Pas un cavalier de chez nous ne l'ignore.

— Allons, la voici... sans prétention et rapidement dite, car le convoi doit être ce soir à six heures à Épernay, et j'ai des blessés dont je ne puis accélérer la marche...

— Vous savez tous qu'au lendemain de la victoire de la Marne le corps de cavalerie, et en particulier la ...e division de compagnie, avait reçu l'ordre de poursuivre à outrance l'armée allemande, en faisant le plus de volume possible pour ne pas laisser à l'ennemi le temps de se ressaisir.

— Arrivés dans la région de C..., le général commandant la division de compagnie s'aperçoit que les masses qu'il poussait devant lui fuyaient en désordre, mais que sur les côtés les autres masses allemandes, nullement pressées par une cavalerie active, n'accéléraient point leur retraite... Au contraire, elles semblaient chercher à se ressaisir et à faire face à l'armée française.

— La situation était grave pour nous, cavaliers, car nous étions engagés en coin dans l'armée allemande et déjà pressés sur nos flancs par des éléments ennemis qui d'heure en heure prenaient le sentiment de leur force et de notre faiblesse...

— Le général, renseigné par ses patrouilles et ses reconnaissances sur le danger croissant de minute en minute, craignant de tomber dans une souricière, prit immédiatement le parti de se dégager de l'étau qui se refermait et donna l'ordre de battre en retraite.

— Mais il fallait encore tromper l'ennemi qui était devant nous, lui laisser croire à la continuation de la poursuite...

— Un escadron du ...e régiment de dragons fut désigné pour cette mission de sacrifice.

— Comme le dit le général en serrant la main du lieutenant de G..., commandant l'escadron et chargé de cette glorieuse besogne :

— C'est à la mort que je vous envoie... Adieu... et faites votre devoir.

— Le lieutenant de G..., cavalier à la fois intrépide et énergique, comprit si bien sa mission que la division de cavalerie en entier put s'échapper ; mais l'escadron, exécutant les ordres reçus, fut complètement isolé et bientôt cerné.

— Le soir tombait : l'escadron de dragons errait de bois en bois, essayant, à la faveur de la nuit, de passer, se dirigeant de feux en feux et partout se heurtant au même « *Werda* » de sentinelles ennemies.

— C'était la fin : l'escadron était prisonnier, il ne restait plus qu'à se rendre ou à mourir crânement... C'est cette dernière solution que prend le lieutenant de G... Il arrive à grouper tout son monde dans une ferme isolée, inoccupée par l'ennemi, et là il décide d'empoisonner ou tuer ses chevaux, puis de donner ensuite à chaque cavalier sa liberté pour essayer de franchir les lignes isolément...

— Mais au moment où il va commencer le sacrifice le plus dur à un officier de cavalerie, celui de tuer ses chevaux, ses compagnons de peine et de gloire, le fermier qui lui a donné l'hospitalité apprend au lieutenant de G... qu'à 800 mètres de là, il a vu, avant la nuit, un parc d'aviation installé sur le bord de la route, avec plusieurs aéroplanes et plusieurs autos.

— De G... saisit tout de suite le parti qu'on peut tirer de ce renseignement et voit là la possibilité de se faire tuer en faisant une dernière œuvre utile.

— L'attaque de l'escadrille est décidée ; dès huit heures du soir il élabore le plan avec ses officiers. Des reconnaissances sont envoyées : elles parviennent à s'approcher en rampant et à rapporter les renseignements nécessaires pour pouvoir attaquer à coup sûr.

— La situation exacte de l'escadrille allemande est la suivante : les tracteurs sont rangés le long de la route ; devant les tracteurs, et perpendiculairement à cette route, il y a des avions rangés en plein champ.

— Le service de garde est peu considérable : deux sentinelles à l'extérieur ; la troupe et les officiers doivent être couchés, soit dans les tracteurs, soit dans des maisons voisines.

— Le nombre des avions et des tracteurs est approximativement évalué à huit ou dix.

— Jusqu'à onze heures du soir le lieutenant de G... organise minutieusement les détails de l'attaque pendant que les sentinelles au dehors font le guet. Le dispositif suivant est adopté.

— Deux pelotons à cheval commandés par le lieutenant de G... lui-même s'élanceront à la charge en poussant des clameurs : ce sera l'attaque de front. Pendant ce temps, les deux autres pelotons à pied, placés en potence par rapport aux pelotons à cheval, ramperont jusqu'aux avions pour y mettre le feu.

— Le lieutenant de K... est chargé de prendre le commandement des hommes à pied.

— Vous comprenez bien, ajoute le lieutenant de

G... en s'adressant à son camarade, moi je suis un cavalier — pas autre chose — eh bien, crever pour crever, je veux crever à cheval. C'est là mon unique ambition... !!

— Nuit d'attente. Chacun de nous a fait le sacrifice de sa peau.

— Après minuit, la lune est cachée. Nous pensons que le moment est propice.

— Sous la conduite de son chef, l'escadron arrive à se masser sans bruit à 300 mètres du parc d'aviation ; les sabots des chevaux ont été entourés de drap.

— Sur la gauche, et faisant un angle droit avec les pelotons à cheval, les deux pelotons à pied rampent et attendent à quelques mètres des avions.

— L'instant est solennel, et tout d'un coup de la nuit noire un cri répété par cent voix s'écrie :

— En avant ! les enfants ! Vive la France ! »

— C'est l'héroïque de G... qui l'a poussé en se précipitant sabre haut vers les avions.

— Malheureusement pour les nôtres, les reconnaissances n'étaient pas arrivées à éventer la présence d'une mitrailleuse placée dans l'axe des avions, tout près du poste de garde.

— En entendant le bruit de la galopade, les deux sentinelles, avec une présence d'esprit remarquable, (il faut le reconnaître) et sans se laisser démonter par cette avalanche ahurissante de cavaliers qui en pleine paix du cantonnement leur tombe dessus, se mettent à manœuvrer la mitrailleuse et à faucher devant elles...

— En quelques secondes la charge française est foudroyée ; des cavaliers isolés parviennent à échapper à la rafale de balles et traversent les avions, mais la grande partie de l'escadron gît dans l'ombre, blessés et mourants. L'âme de l'attaque, l'héroïque lieutenant de G... agonise au milieu des siens, couché dans le champ de betteraves.

— La partie semble perdue. Mais les deux pelotons à pied du lieutenant de K..., voyant le danger, ont rampé jusqu'aux avions.

— Et tandis que les uns sautent sur les mitrailleurs et les poignardent, les autres essayent de mettre le feu aux avions.

— Par malheur, les réservoirs d'essence sont vides : la besogne est plus difficile ; elle se poursuit au milieu des coups de fusils, des râles des morts, des cris des blessés,chaque avion devenant un coin de champ de bataille.

— Tout ceci s'est passé en quelques secondes. Pendant ce temps, le reste des aviateurs allemands est sorti des tracteurs et ouvre le feu au hasard... D'un tracteur illuminé intérieurement, le lieutenant de K... voit le chef du parc d'aviation qui donne des ordres, pare à l'attaque.

— C'est là le nœud de la résistance. Le lieutenant français n'hésite pas, il rampe sous les avions, s'approche du tracteur et, se dressant devant l'officier allemand, l'abat d'un coup de revolver, cependant qu'un sous-officier allemand, surgissant à son tour de l'intérieur de l'automobile, lui assène un coup de levier dans le ventre et l'étend, sanglant.

— Mais la mort du chef allemand a donné comme toujours le signal de la cessation de la résistance.

— Éperdus, les Boches fuient dans toutes les directions, pendant que les avions, allumés un à un par les dragons survivants, continuent à flamber et à éclairer cette scène de carnage et de victoire.

— Et combien y eut-il d'avions démolis ?

— Six hors d'usage.

— Le lieutenant de K..., blessé, put se traîner jusqu'au hameau où il fut caché et soigné par le curé jusqu'à l'arrivée des soldats français, trois jours après... Et de son lit il eut la joie triomphante de voir passer le lendemain les tracteurs ennemis emmenant plus loin le reste de l'escadrille, traînant les avions à moitié brûlés et tailladés. Telle est l'histoire de l'escadron du lieutenant de G...

— Et maintenant rendez-moi ma coquille : le coup de l'étrier, et merci.

— Vous voyez qu'il n'est pas besoin de piloter un 100 chevaux, et qu'un cavalier avec son cheval peut encore faire de la bonne besogne contre les Aviatiks !

— Bonne chance !

Et il disparut vers la montagne de Reims avec son escorte de prisonniers, laissant chacun de nous rêveur devant cet héroïque fait d'armes, peut-être unique dans toute cette guerre.

## EN MARCHE VERS LE NORD

*4 Octobre.*

Voilà un mois que nous piétinons devant les mêmes positions de Reims, de Nogent-l'Abbesse, de Brimont et de Souain ; on nous dit que la gauche française, pour ne pas être débordée ou fixée par l'ennemi, cherche à s'étendre vers le nord au delà de Noyon, Saint-Quentin, Lens, Lille... Cet allongement démesuré de la ligne de bataille semble anormal. Certains disent que la ligne se prolongera peut-être jusqu'à la mer, jusqu'à l'embouchure de l'Escaut, jusqu'à Anvers, qui tient toujours héroïquement.

Mais toutes nos idées tactiques de l'École de guerre sont en déroute, et ce front qui s'allonge démesurément, sans pouvoir faire pression sur l'adversaire, nous apparaît à tous une anomalie militaire.

En tout cas il y a un déplacement considérable de forces militaires vers le nord,

On se rend très bien compte que l'intérêt réel de la bataille n'est plus à Reims et dans les plaines de Champagne, mais dans la vallée de l'Oise et sur les plateaux de Picardie.

Déjà des régiments entiers rétrogradent de Souain vers Châlons pour s'embarquer. Ces mouvements se font de nuit à cause des avions, et dans le brouillard d'octobre, à la lueur des quinquets de Châlons, on voit passer ou plutôt on perçoit confusément dans l'ombre, les différentes unités, — l'infanterie silencieuse, — l'artillerie avec son bruit de ferraille, — la cavalerie avec le cliquetis de ses sabres et la résonnance des sabots des chevaux...

Nos escadrilles, elles aussi, depuis deux jours ont été rappelées de Reims...

Elles sont concentrées en arrière autour de

Châlons, dans les terrains dénudés qui entourent la ville, prêtes à prendre leur essor vers d'autres régions.

Depuis un mois notre noyau d'escadrilles s'est grossi d'unités nouvelles ; chacune ainsi a sa spécialité : les unes se consacrent au bombardement, les autres à la chasse aux avions boches, les troisièmes aux reconnaissances d'armée et réglages de tir d'artillerie ; de plus en plus, le temps et les moyens aidant, nous devenons une véritable petite flotte aérienne, force redoutable avec laquelle les avions allemands commencent sérieusement à compter.

Aussi les incursions des Taubes sont-elles de plus en plus rares, et nos camarades les fantassins ne cessent de nous dire, avec une mine épanouie :

— Ah ! maintenant ce n'est plus comme au commencement d'août et de septembre. On ne voyait jamais d'avions français !

Évidemment, puisque c'était une guerre de mouvement et qu'il était logique de n'apercevoir que les avions boches au-dessus de soi, tandis que les

Français travaillaient à leur tour au-dessus des formations allemandes.

*8 Octobre.*

Depuis trois jours, Châlons-sur-Marne regorge de troupes : la ville est encore plus animée que de coutume. Le flot des militaires monte et descend le long de la rue de Marne, flot bigarré où tous les uniformes se rencontrent, se coudoient, débordant du trottoir dans la rue, pendant que les voitures de réquisition, les fourragères, les autos militaires se frayent péniblement un passage et que les gendarmes à cheval essayent de canaliser la foule.

La gare de Châlons est le centre vital de la ville ; les Boches n'ont pas eu le temps de l'incendier ; elle est restée intacte et, dès le retour offensif des Français, elle a servi comme grande gare de ravitaillement des trois importantes armées qui opèrent en avant de la Marne, l'armée Franchet d'Esperey, l'armée Foch et l'armée Langle de Cary.

D'ailleurs, en ville tout a été respecté, ou plutôt il est mieux et plus juste de dire que la retraite des Allemands fut si précipitée qu'ils n'ont pas eu le temps de piller ou de détruire.

Une heure à peine a séparé le départ du dernier Allemand de l'arrivée du premier chasseur français.

Dans quelques garages des automobiles allemandes ont été retrouvées, abandonnées en pleine réparation par leurs chauffeurs ; dans certaines caves on a retrouvé des soldats boches qui s'étaient cachés et qui avaient fini à peine d'être désaoulés.

Aussi le conseil de guerre de Châlons regorge-t-il de clients. Presque tous étaient des traînards allemands surpris en train de piller et auxquels on a donné la chasse comme à des bêtes fauves à travers les marais de Saint-Gond.

L'autre jour deux vagabonds ont traversé les rues de Châlons entre deux gendarmes. Après enquête on s'est trouvé devant deux officiers de la Garde prussienne, qui depuis un mois, depuis la bataille de la Fère-Champenoise, erraient, en pillant à droite et à gauche dans les fermes pour pouvoir se nourrir.

Ah ! ils n'avaient rien d'arrogant, ces deux officiers de la Garde, rien de l'attitude hautaine de certains junkers faits prisonniers au début de septembre. Bien au contraire, ils avaient l'air un peu hébétés par la vie qu'ils avaient menée et aussi par le souvenir de la bataille de la Fère-Champenoise. Lors de l'interrogatoire ils étaient restés muets, mais leur unique impression se résumait toujours par le même mot : « La Fère-Champenoise, *Schrecklich.* »

Rencontré, entre Château-Thierry et Senlis, les premières troupes anglaises. Elles aussi remontent vers le Nord pour se concentrer dans la région de la Lys et l'Yser.

Les convois de voitures sont rangés le long des routes, voitures couleur kaki comme l'uniforme. Les sentinelles correctement habillées rendent l'honneur, la crosse du rifle contre le talon, tandis que les autres « Tommy » procèdent paisiblement à leur toilette et se rasent sur le bord de la route. Le spectacle est original.

Dépassé une division de cavalerie anglaise. Beaux chevaux bien toilettés et bien harnachés. Cuirs jaunes élégants et sobres, impression de cavaliers bien en selle, dégagés, la jambe bien descendue.

Détail amusant : tous les hommes portent la jambière et, dans la jambière, la cuillère et la fourchette sont enfoncées sur le côté extérieur de la jambe.

Est-ce bien réglementaire ou simplement fantaisie pratique du cavalier ?

La division de cavalerie s'éloigne à travers champs, ondulant en souplesse à travers les chaumes et les petits mouvements du terrain. Son artillerie et ses nombreux convois automobiles suivent la route. et s'étendent à perte de vue en longue file.

Nous voici en Artois.

Grandes plaines faiblement ondulées offrant de

merveilleux atterrissages à nos avions. La bataille se prolonge au delà de Péronne et d'Arras, vers Douai et Lille... Nous essayons de rabattre l'aile droite allemande vers l'Aisne et la Meuse.

Y réussirons-nous ?

Aujourd'hui, stationnement à R..., près de Montdidier.

Sur le grand plateau dénudé, les camions du Parc d'aviation et les tracteurs des escadrilles se sont rangés.

La flèche indicatrice de l'atterrissage, faite de bandes de toile blanche a été posée au centre du terrain. Et un à un nos avions qui font escale viennent se poser.

A peine l'avion a-t-il touché le sol, les sapeurs se précipitent à sa rencontre, s'accrochant au bout de l'aile pour diriger l'appareil qui continue à rouler sur le sol.

Pendant ce temps, le premier mécanicien monte sur le ski d'avant et interroge le pilote emmitouflé dans ses cache-nez et chandails...

Et c'est toujours le même questionnaire rapide.

— Le moteur a bien marché, mon lieutenant ?...

— Pas eu de ratés ?

— La carburation était bonne à 2.000 ?

— Pas eu trop froid, là-haut, mon lieutenant ?

Puis les mêmes soins aux appareils se répètent à chaque atterrissage, injection de pétrole dans le moteur rotatif — brassage du moteur en le faisant tourner à la main pour décoller les soupapes.

Visite minutieuse des tendeurs, des tuyauteries, des commandes, des pneumatiques des roues.

Pendant ce temps les autres mécaniciens déchargent de dessus les remorques, les petites tentes-abri, destinées à protéger les avions.

A grand renfort de coups de maillet on les monte en quelques minutes, pendant que les hommes de corvée, dirigés par les premiers mécaniciens procèdent au remplissage des réservoirs à essence des avions.

Plus en arrière, abrité derrière la ferme aux murs épais, qui se trouve à l'extrémité du terrain, le Parc des escadrilles s'est installé.

Là, le spectacle change — mais l'activité n'en

est pas moins grande. Les gros camions bâchés de toile verte sont rangés en ordre, division par division.

Les hommes, mécaniciens ou manœuvres, sont occupés aux besognes les plus diverses.

Les uns déchargent les caisses d'essence et d'huile qu'ils ont été chercher à 10 kilomètres à la gare de ravitaillement de D...

Les autres sont en train de démembrer l'avion de F..., (qui, il y a une heure, a capoté à l'atterrissage) et d'en extraire les morceaux encore utilisables. Certains groupes autour du camion-atelier revisent un moteur rotatif, qui vient d'arriver de l'arrière encore plein de la graisse verte des magasins.

Pendant ce temps, le camion-atelier, éclairé brillamment par des ampoules électriques, fait entendre le ronflement de ses machines-outils, les perceuses-raboteuses, les limeuses, etc., etc.

J'entends encore R... le chef du Parc, officier consciencieux et technicien habile qui dit à son lieutenant :

— Ah ! si nous pouvions rester deux jours sans bouger ; on pourrait faire un peu de travail, réparer nos moteurs en retard, remonter l'aéro qui vient de nous arriver.

— Mais vous allez voir ! Demain nous allons encore plier bagage et filer plus loin vers le Nord.
— Comment voulez-vous qu'on puisse travailler?...

Le lendemain, en effet, nous partions pour Arras.

## UN COMBAT AÉRIEN
## AU-DESSUS DE NOS LIGNES

*Terrain d'escadrille, près Arras.*

La nuit commence à tomber : l'appel se fait dans les escadrilles.

Soudain S..., le chef d'escadrille tend son bras vers le ciel et nous dit en nous montrant un point noir :

— Qu'est-ce que c'est que celui-là ? Tout le monde est bien rentré, chez nous ?

Les pilotes regardent à la lorgnette.

— Mais c'est un Boche ! » s'écrie M...

D'ailleurs, il a dû être aperçu des artilleries françaises ; car, des batteries qui sont devant nous, partent des coups de canons qui montent pressés vers le ciel.

Les artilleurs font un tir de barrage ; mais les obus éclatent beaucoup trop bas.

Le Boche a l'air de les mépriser et de poursuivre sa route vers nous.

— Il y en a un autre derrière lui, s'écrie à nouveau M... qui continue à observer... et cette fois-ci c'est pas un Boche... cela m'a tout l'air d'être un M.-S. français !

En effet, nettement, entre 2.500 et 3.000, on voit un deuxième point noir, qui se rapproche du premier et a l'air de le poursuivre.

Un combat aérien va sûrement s'engager. Les mécaniciens des escadrilles, les pilotes regardent de tous leurs yeux ; certains se sont couchés sur le dos pour mieux voir le drame angoissant et rapide qui doit se jouer là-haut.

S... ronchonne.

— Pourvu que ces sacrés artilleurs n'aillent pas les marmiter et cessent leur feu... M..., envoyez donc un motocycliste aux batteries voisines dire que c'est un M.-S. français qui suit le Boche... Faites vite !

Mais les artilleurs français ont été prudents et, devant l'arrivée du deuxième avion, ont cessé leur tir.

D'ailleurs autour de nous, du côté de la ligne française et allemande, le feu de mousqueterie et d'artillerie s'est ralenti, et, de plus en plus, le silence s'étend sur cette partie du champ de bataille.

On dirait que Français et Allemands ont une trêve tacite pour regarder le duel aérien qui se déroule au-dessus de leurs têtes.

Et, personnellement, je ne sais rien de plus impressionnant que ce silence qui descend sur la ligne de bataille, succédant au vacarme des bouches à feu et au bruit de la fusillade ; ce silence poignant où l'on sent que plusieurs milliers de poitrines sont haletantes, et que plusieurs milliers d'yeux regardent en se demandant avec une anxiété bien naturelle :

« Lequel des deux avions va tomber ? »

La phase très rapide de la poursuite est terminée.

Les deux avions sont maintenant entrés en contact ; dans le ciel immense encore illuminé par un magnifique soleil couchant ils se confondent presque, sur le même plan. Le combat aérien à la mitrailleuse ou au mousqueton doit s'engager dès à présent, L'instant est vraiment solennel.

Et nous regardons angoissés, attendant la chute de celui qui sera frappé en plein vol.

Lequel ?

Soudain, un des points noirs pique, puis tombe vertigineusement, comme un bolide vers le sol ; le deuxième point noir pique aussi.

Serait-il touché ?

En tout cas ce n'est pas une chute aussi rapide que la première. Impossible à la lorgnette, vu la rapidité de la descente, de déterminer quel est le premier avion qui s'abat, toujours poursuivi par l'autre.

A 800 mètres de nous l'avion vient de s'écraser au sol : une détonation sourde, c'est le réservoir d'essence qui éclate...

Ruée au bout du terrain de toutes les escadrilles.

Et voilà que de loin nous voyons apparaître la queue de l'appareil, complètement verticale, et sur le gouvernail intact la croix noire allemande.

Soupir immense et joie folle : c'est le Boche qui a été touché !...

Enchevêtrement indescriptible de toile, de bois, de tubes d'acier, de carter de moteur ; l'incendie a commencé à faire son œuvre.

Mais il est rapidement éteint à coups de pelletées de terre.

Un pied calciné sort à travers un morceau de toile.

Sous un cylindre une tête est à moitié écrasée.

Avec mille difficultés, dans l'enchevêtrement des fils de fer des tendeurs, on extrait les cadavres des deux aviateurs allemands écrasés, tués sur le coup...

Après avoir scié à droite et à gauche on arrive à extraire leur corps. C'est une bouillie.

Le pilote, un grand officier, décoré de la croix de fer, sur son veston de cuir, est étendu sur l'herbe ; il a la poitrine défoncée, un pied à moitié brûlé.

Quant à l'observateur, sa tête engagée sous le moteur a été broyée. Une musette est jetée sur la plaie horrible.

Ils sont étendus côte à côte...

Et voici qu'un ronflement de moteur au-dessus de nos têtes attire à nouveau notre attention.

Un monoplan français trace dans le ciel ses dernières spirales avant l'atterrissage.

C'est le français vainqueur du tournoi qui vient se poser non loin de l'avion abattu.

C'est à nouveau une ruée vers le pilote qui dresse sa taille dans le capot de son appareil et s'apprête tranquillement à descendre, comme s'il revenait d'une petite excursion aérienne.

C'est P..., notre ami, un de nos meilleurs pilotes. Gêné, il se dérobe à nos félicitations et nous demande tranquillement, avec un accent un peu gouailleur :

— Eh bien, c'est la tape pour le Boche ?

— Oui, la sacrée tape.

— Ah ! Tous les deux morts ?

— Oui.

— Pauvres bougres ! Ils méritaient mieux. Ils se sont rudement bien défendus ! Enfin, faut pas s'attendrir... Est-ce qu'ils s'attendriront sur moi, quand ils m'auront descendu ?

— Mais raconte-nous comment tu as pu descendre, avec ton petit appareil, ce gros mastodonte.

— Eh bien, voici...

— Vous savez que certaine de nos batteries lourdes sont enterrées, derrière le bois de S... Les avions boches, qui les recherchent depuis longtemps, venaient tous les jours explorer la région et chercher à découvrir nos emplacements.

— De temps en temps on leur envoyait un de nos avions de chasse, armé d'une mitrailleuse ; vu notre vitesse et aussi l'allant endiablé de nos pilotes, nous arrivions à faire rebrousser chemin aux avions boches à peu près à coup sûr.

— Mais un jour nous sommes tombés sur un *bec*. Sournoisement les Boches nous ont sorti un Albatros, muni d'un moteur de 160 HP Benz et puissamment armé de deux mitrailleuses, l'une tirant à l'arrière, l'autre tirant à l'avant à travers l'hélice.

—C'est ce pauvre petit B..., tout récemment arrivé à notre escadrillle qui a écopé... Pensant que, comme d'habitude, le Boche n'était armé que d'une mitrailleuse arrière, il s'était mis à attaquer par-devant en se plaçant dans le champ de l'hélice, qu'il pensait, au point de vue du tir, être un champ mort... Et voilà que brusquement, au moment où il s'approchait, il a reçu de l'avant de l'Albatros une rafale terrible, qui l'a fauché, lui et son moteur.

—Nous l'avons vu tomber en vrille, puis s'écraser sur le sol pendant que l'Albatros — celui qui est maintenant là — avait l'air de nous narguer et continuait, comme si rien n'était, son inspection des batteries.

— Ce jour-là, la rage au cœur, je me dis :

— Mon vieux, je t'aurai... Tu ne feras pas longtemps le *flambard* au-dessus de notre escadrille.

— Mais il fallait y aller avec prudence et réflexion, car le monsieur était armé puissamment...

— J'avais remarqué que mon nouveau grand

Albatros — le « Fritz » comme nous l'appelions en plaisantant — faisait sa reconnaissance et sa police des airs le matin entre cinq et six heures et le soir une heure avant la tombée de la nuit, à l'heure favorable où les batteries muettes commençaient à démasquer, dès les premières ombres, leur tir...

— Donc une ou deux fois, à ces heures-là, j'étais monté et je m'étais trouvé du côté de sa route... mais j'avais pris les allures d'une barque de pêche bien tranquille vis-à-vis d'un puissant garde-côte et je m'étais tenu respectueusement à distance... suffisamment près cependant pour l'observer, noter certains détails de vitesse, de construction, d'emplacement des mitrailleuses.

— Même, m'étant approché un peu trop près, j'avais été « coursé » par mon Albatros, honoré d'une salve — véritable poudre aux moineaux à 500 mètres!

—Et naturellement, comme un pauvre avion peu digne d'entamer la lutte, j'avais fui en piquant vers le sol.

— Mais ce jour-là, je me dis à nouveau :

— Mon vieux Boche, je t'aurai !

— Donc, aujourd'hui au réveil, ayant remarqué que le ciel était pur, mais plaqué de grands nuages favorables à une guerre d'embuscade, je me mis en route, ou plutôt je me mis à monter à l'affût.

— Me voilà donc m'embusquant à 3.000 mètres.

— Je tournais en rond depuis trois quarts d'heure, quand tout à coup mon mécanicien me tape sur l'épaule et me crie :

— Là-bas, entre les deux gros nuages blancs... à 500 mètres au-dessous, vous ne voyez pas quelque chose... un point noir ?

— Je regarde et finis par trouver le point noir.

— Je regarde encore plus attentivement, et je reconnais le double fuselage bien caractéristique de *mon* Albatros.

— Immédiatement, pour profiter de l'effet de surprise, je me mets selon une ligne de marche parallèle à la sienne et dans le même sens, et ralentissant mon moteur pour que le bruit ne me dénonce pas, je pique à fond de 500 mètres de haut sur l'avion allemand. C'est la seule tactique qui dcit rdussir,

— Et brusquement, à vingt mètres au-dessus de l'Allemand, je remets mon moteur à pleine marche, je redresse mon avion qui sans cela se serait embouti sur le Boche, et v'lan ! mon mécanicien entre à son tour en jeu et déclanche une bande de mitrailleuse...

— Jamais, vous entendez bien, jamais je n'oublierai le geste de cet observateur, entendant brusquement un bruit de moteur, se retournant affolé au moment où il voit l'ombre de mon avion qui le dépasse, pendant que les balles de ma mitrailleuse crépitent.

— Jamais je n'oublierai à la fois cette tête grimaçante de rage et ce geste d'impuissance, les deux bras levés, en ayant l'air de dire : « Foutus !

— Hélas ! La rafale de ma mitrailleuse a été mal ajustée : ni moteur, ni pilote, ni passager ne sont touchés.

— Le coup est raté...

— J'avoue qu'à cette seconde-là, je trouve la position moins drôle.

— Mon effet de surprise n'existe plus, il faut engager la lutte ou filer.

— Mais filer ! c'est se faire prendre en chasse par leur mitrailleuse avant !

— Heureusement que j'avais réfléchi et que j'avais préparé plusieurs cordes à mon arc...

— Je savais qu'en me plaçant à environ vingt mètres au-dessus de l'Albatros et dix mètres en avant, je me trouverais dans un angle mort au point de vue du tir des deux mitrailleuses.

— Donc, en me maintenant dans cet espace favorable, je restais hors d'atteinte des coups et en bonne posture, au contraire, pour en donner.

— La difficulté était de m'y maintenir : avec mon petit avion très maniable, ce n'était pas impossible et, d'autre part, je savais que le Boche avait d'assez grandes difficultés à manœuvrer son Albatros, à cause précisément de sa masse.

— Toutes ces réflexions naturellement m'étaient venues en quelques secondes.

— Me voilà donc suivant une route parallèle à l'Albatros, un peu en avant de lui, et comme ma marche était sensiblement plus rapide que la sienne j'étais obligé pour ne pas le dépasser, et rester dans son angle mort de tir de louvoyer légèrement à droite et à gauche de son axe de marche...

— Et alors c'est là que mon mécano fit à la mitrailleuse de la bonne besogne !

— Ah ! mes enfants !

— Par quatre fois la mitrailleuse crépita, tandis que le Boche essayait de se soustraire à cette étreinte en virant à droite et à gauche, et cherchant à démasquer sa mitrailleuse en arrière.

— Mais j'avais l'œil... Une ou deux fois il me prit sur la droite quelques mètres d'avance, mais vite rattrapés...

— Ce côte à côte fantastique dura environ cinq minutes... A la quatrième rafale de mitraille, j'entendis un bruit sourd dans le moteur allemand, et brusquement l'avion boche piqua du nez, comme blessé à mort.

— Il faut rendre hommage au courage des ennemis.

— Au moment même où il sombrait, tombant comme un bolide sur le sol, l'observateur se cramponna à la mitrailleuse et essaya d'envoyer une dernière décharge.

— Ils savent mourir, ces bougres-là !...

— Et qu'est-ce que tu as fait quand tu l'eus descendu ?

— Ma foi, j'ai regardé de quel côté il filait. Je n'étais pas très pressé de descendre. Je me méfiais toujours, ne sachant pas si c'était une ruse.

— Au bout de quelque temps je l'avais perdu de vue dans un virage.

— Alors j'ai piqué.

— Une fois passé le gros nuage, je ne vois plus rien jusqu'au moment où j'aperçois sur un coin de terrain, près d'un bois, des flammes et des gens qui couraient. Je me dis : « C'est lui ! » Prudemment (car je n'étais pas sûr d'être sur le terrain français) je me mis à descendre en regardant ce qui se passait...

— Et me voilà !

. . . . . . . . . . . . . . . .

A ce moment des mécaniciens, accompagnés d'un docteur et portant sur des civières les cadavres des deux Allemands passèrent devant le groupe des officiers aviateurs.

Nous saluâmes tous ; et, S..., visiblement ému, salua les deux adversaires.

Mais S... reprit vite son assurance et, d'un ton flegmatique, demanda au docteur :

— Avez-vous visité leurs poches, docteur ? Avez-vous fait le triage de leurs papiers ?

— Ma foi non, fait le docteur un peu surpris.

— Eh bien, dit S... très calme, posez là ces messieurs. Je vais le faire.

Il s'agenouilla sur les civières, déboutonna les vareuses à moitié brûlées et rechercha les portefeuilles, les carnets des deux Allemands.

Tranquillement il fit un choix, tria les papiers, mit les portefeuilles dans sa poche, puis, sa besogne accomplie, se releva et, saluant à nouveau les deux corps, dit au docteur :

— Vous pouvez les faire enlever.

Et comme nous paraissions plutôt surpris de

cette façon de faire, il expliqua au chef d'escadrille :

— Voici !... J'ai fait deux parts : les papiers officiels et militaires... les voilà, mon capitaine...

— Quant aux autres, les papiers personnels des victimes, je les garde pour les envoyer à leurs familles par poste aérienne...

— Oui, c'est une habitude établie dans la Xe armée, mon capitaine. Au commencement des hostilités nous avons laissé deux de nos aviateurs prisonniers par suite de panne de moteurs, de l'autre côté de l'Aisne.

— Nous ne savions ce qu'ils étaient devenus, quand le lendemain, un aéro allemand tournoyant au-dessus de notre terrain, laissa tomber un paquet auquel était attachée une longue banderole.

— Dans ce paquet, il y avait une lettre des aviateurs allemands nous disant :

« Les aviateurs français X. et Y. ont atterri par suite de panne à N..., prisonniers sains et saufs. »

— Le geste était correct.

— Nous y avons répondu à notre tour — et souvent !

— Demain je ficelerai mes deux paquets et je mettrai sur chacun d'eux :

« Morts en braves au combat aérien du 21 octobre... »

Je leur dois bien cette oraison funèbre !

## COMBATS AÉRIENS EN ARTOIS
## BATAILLE DE L'YSER ET D'ARRAS

*Arras, 2 Novembre 1914.*

Depuis un mois nos escadrilles sont campées dans le Pas-de-Calais, rattachées au groupe d'armée que commande le général F...

Depuis un mois la Bataille, la grande Bataille de l'Yser se poursuit, s'étendant des dunes de Nieuport aux tours démolies du beffroi d'Arras, en passant par les rives sanglantes de l'Yser, la bouche d'Ypres, les faubourgs de Lens et les hauteurs du Mont Saint-Éloi.

Notre camp d'aviation est installé à mi-chemin d'Arras et de Saint Pol sur un vaste plateau dénudé où devait se faire la culture de la betterave, à la limite des collines de l'Artois et de l'immense plaine flamande.

Paysage aux contrastes frappants : d'un côté

des croupes molles coupées de boqueteaux, de fermes entourées de grands arbres et de douves.

Et, de l'autre côté, la grande plaine du Nord monotone et noire avec ses fosses de charbonnage, les protubérances géométriques de ses scories, hautes comme des collines, ses corons tristes, ses larges tours couvrant les puits de mine.

D'un côté de la plaine, la France agricole.

De l'autre côté, la France industrielle et minière, de Lens, de Liévin, de Bully-Grenay, de Béthune.

Sous le commandement du capitaine V... sept escadrilles ont été rassemblées et vivent sur ce terrain.

Il y a des escadrilles de chasse avec les Morane-Saulnier parasol, au fuselage blanc et au capot noir. Il y a des escadrilles de reconnaissances et de réglage d'artillerie avec des Farman que nous appelons, pour les distinguer des rapides Morane, des « cages à poules. »

Il y a enfin, toute dernière innovation, des escadrilles Voisin, destinées à aller porter des bombes sur les rassemblements ennemis, les gares, les nœuds des voies ferrées, les parcs à munitions.

Ces trois escadrilles ont même été rassemblées sous le nom de « groupe de bombardement » et elles viennent de prendre une part très active à la bataille acharnée qui se déroule là-haut, et pour longtemps encore probablement, d'Arras à Nieuport.

Morane, Farman, sont abrités sous les hangars Bessonneaux, édifiés le long des futaies et des fermes, pour mieux les dissimuler.

Mais les Voisin, de construction métallique, robustes et trappus campent en plein air.

Ils sont rangés les uns à côté des autres, attachés par des cordes et des piquets au sol, insensibles aux rafales du vent et de la pluie, balançant leurs ailes blanches vernissées sur lesquelles le mauvais temps ne mord pas.

Sur les capots blancs, chaque escadrille, pour se distinguer de la voisine, a peint, comme autrefois les chevaliers sur leurs boucliers, des armes distinctives. La première escadrille montre un trèfle rouge, la seconde un carreau noir, la troisième deux chevrons.

Quant aux avions de chefs d'escadrilles, ils portent les mêmes armes, mais barrées de deux traits rouges très apparents.

Ces signes distinctifs qui rappellent le temps où les guerriers étaient anonymes sous leurs armures, sont des plus nécessaires pour identifier une escadrille en marche, ou pour permettre à un avion retardataire de rallier son unité.

L'ornementation pittoresque de l'avion de guerre est complétée par les grandes cocardes tricolores peintes au-dessus et au-dessous des ailes qui permettent de reconnaître de loin leur nationalité.

Je passe, comme ornementation, celle plus fantaisiste que chaque pilote donne à son avion, en lui accrochant un fétiche.

Le fétiche, pour l'aviateur, c'est la chose sacrée de son avion, son camarade de combat et de gloire, qu'il soit ours blanc ou singe de peluche, un canard au bec démesurément grand ou un pantin coiffé d'un casque boche. C'est le fétiche de l'aviateur, souvent glorieusement touché avec lui par la mitraille.

Les reconnaissances au-dessus de la région d'Arras, de Douai et de Lille se poursuivent, signalant les rassemblements ennemis.

Les bombardements des rassemblements ainsi repérés s'opèrent alors le plus rapidement possible par les escadrilles d'avions.

Une fièvre, une activité intense règnent ; c'est l'embarquement hâtif de munitions de toutes sortes : obus de 90, obus de 155, fléchettes d'acier qui seront déversées sur les groupements de cavalerie ou d'infanterie ennemis signalés.

Quant aux combats aériens, ils deviennent de plus en plus fréquents et tournent heureusement souvent à l'avantage des nôtres.

Ce soir, à la tombée du jour, un avion français, un H. Farman cherche à atterrir, ses mouvements sont désordonnés : brutalement il vient se poser au sol, comme plaqué par une main brutale.

Le train d'atterrissage fléchit, et brusquement c'est le capotage, le moteur en l'air, la queue aux panneaux tricolores dressée sur l'avion embouti...

Minute d'émotion.

Puis l'on voit remuer quelque chose, et deux points noirs sortent de sous l'avion.

On s'empresse vers le pilote novice ou maladroit ; et, à la grande stupéfaction de tous, c'est D... un de nos plus fins pilotes de Farman qui apparaît.

A notre interrogation muette, il répond dans son langage imagé :

— Eh bien, oui, c'est entendu, j'ai atterri comme un cochon...

— Mais j'aurais voulu vous y voir, à ma place...

— Zieutez un peu mon coucou : plus de montant à gauche, — cassé par une balle — plus d'aileron à droite : le guignol a été fauché. Trois balles dans le moteur. Cinq cylindres sur sept qui donnent. Et mon Zigomar une balle dans le nez, ajoute-t-il montrant son fétiche qui pend lamentablement accroché sur le patin.

A l'exposé de D... tout le monde se tord, pilotes et mécaniciens assemblés.

— Alors, cela a été dur là-haut ?

— Un peu, mon poteau ! Mais quand même je l'ai *eu* le Boche.

— Malheureusement pas de veine ces temps-ci ; impossible de ramener mon gibier. Il est tombé chez les Boches entre Thélus et Wimy. Alors, pour moi, cela ne compte pas.

— Je ne compte que ceux que je vois : ceux-là pas d'erreur, ils sont bons.

— Vous comprenez, ajoute-t-il gouailleur, si on se met à compter ceux que l'on descend chez les Boches, il y en aurait bientôt tellement d'abattus, qu'il ne resterait plus d'aviation allemande.

— Mais, dis-moi, D... ils ont l'air de commencer à savoir manœuvrer les Boches et à se défendre.

— Oui, ils commencent à être durs à décrocher ; ils ont pris à notre image une tactique !

— Mais celui-là je l'ai eu d'une façon spéciale. Seulement faudra pas trop le raconter, sans cela je vais encore me faire rallonger de 15 crans.

— Penses-tu !

— Comme je vous le dis.

— Voilà ma chasse. J'étais tranquillement à 2.200 au-dessus des batteries d'Arras en train de chercher le Boche.

— Mais rien autour de moi ; au-dessous le vide du champ de bataille ; de temps en temps quelques pruneaux trop courts tirés contre moi.

— Donc sécurité complète.

—Brusquement, dans mon dos, j'ai la perception de quelque chose qui fond sur nous à grande vitesse.

— Puis, à la même minute, c'est le tac tac tac tac de la mitrailleuse et le sifflement des balles.

— Hop ! Je pique pour prendre de la vitesse.

— Mais le Boche qui venait de me surprendre en descendant de 3.000 mètres à grande allure, se met aussi à piquer derrière moi.

— Tac tac tac tac tac.

— Mais cette fois le tir est moins bien ajusté.

— Mon mécanicien essaie de riposter.

— Mais le Boche s'était mis juste à l'angle mort formé par les plans de l'avion et la queue.

— Il connaissait parfaitement son affaire, le bougre et ne se faisait pas faute de me le montrer !

— Impossible de l'avoir.

— Brusquement je vire à gauche pour chercher à mon tour un champ de tir.

— Vas te faire fiche, il vire immédiatement à gauche. Il était cramponné à moi à 100 mètres au-dessus. Tenez juste dans la situation de l'Aviatik que S... tenait au bout de sa mitrailleuse à Montdidier.

— Et toujours des balles.

— Je voyais mon montant de droite qui flottait cassé et je sentais mon aileron qui ne rendait plus. Ma mitrailleuse était muette.

— J'ai senti que j'étais foutu. Alors j'ai joué mon va tout.

— Brusquement sur une ligne droite je cabre mon avion, comme pour faire le looping pendant que je crie à mon mécanicien : « Attention, cramponne-toi et ne rate pas ! »

— Montée brusque de l'avion... Vision verticale de l'avion allemand qui, emporté par l'élan et surpris par la manœuvre n'a pas le temps de dévier et passe juste au zénith de la mitrailleuse.

— Car à 50 mètres au-dessus de ma nacelle, rrrran... Salve de toute une bande de chargeur de ma mitrailleuse...

— Puis chute de mon coucou en arrière... et fin de mon looping.

— Ah ! mes enfants !

— J'ai fait souvent le looping, mais jamais je n'ai serré le manche comme cette fois, les chargeurs fumants me descendaient dans la g... pendant que j'étais en train de me retourner. Nulle émotion, mais la satisfaction du devoir proprement accompli.

— Tout cela, voyez-vous a duré une seconde, bien moins de temps que de le raconter.

— Et alors le Boche ?

— Alors, j'ai fini mon looping et quand je me suis retrouvé la tête en l'air et les pieds en bas, j'ai regardé.

— Pfutt !... Plus de Boche dans le ciel, plus de

Boche, sauf, en regardant bien un paquet noir qui tombait, tombait, vers Wimy.

— Trop tard pour le rattraper. Mais je vous assure qu'à l'allure à laquelle il descendait, il avait son compte.

— Et maintenant pas trop d'histoires pour le looping ! C'est interdit... même en temps de guerre!

*10 Novembre.*

Nos escadrilles de bombardement ont reçu l'ordre de se préparer à bombarder la gare de Maubeuge et le hangar à dirigeable que les Allemands ont édifié derrière la forêt de Landrecies et de Mormal. Distance à vol d'oiseau : 90 kilomètres de notre terrain d'aviation — soit avec les détours 200 kilomètres aller et retour.

L'expédition est hasardeuse : c'est notre premier gros bombardement en groupe et nous nous y préparons minutieusement.

Diverses questions nouvelles entrent en ligne

de compte : le choix de l'itinéraire, le nombre d'obus à emporter dépendant du poids d'essence lequel est facteur du nombre d'heures que nous aurons à tenir l'air.

Or, dans ces calculs d'heures à tenir l'air, la grande question à résoudre est la question des courants aériens.

La difficulté est de trouver le courant favorable pour l'aller et favorable pour le retour.

Entre 1.500 et 2.500 mètres il y a souvent des courants superposés et absolument contraires. Il faut les connaître avant de partir en expédition.

Il y a encore le choix de l'itinéraire le moins balayé par les canons-aériens, l'indication des localités dangereuses à survoler, l'endroit par où il faut aborder Maubeuge et le hangar à dirigeable pour obtenir un effet de surprise, car toute la question est là : surprendre l'ennemi.

Le départ a été fixé au petit jour demain matin. — Nuit blanche : un peu fiévreuse... Cela se conçoit aisément.

Le commandant du groupe a réuni les chefs d'escadrilles, les pilotes et les observateurs et leur donne ses instructions.

Celles-ci sont nettes et précises.

L'itinéraire est fixé de la façon suivante : la grande route Arras Cambrai — Le Cateau, la voie ferrée de Landrecies à Maubeuge — attaque des terrains d'aviation par le Sud-Est.

Le point initial pour le groupe est fixé à Marquion pour 7 h. 45. Altitude 2.000 mètres.

Chaque pilote et chef d'escadrille prend l'heure exacte du commandant du groupe.

A leur tour, ce sont les chefs d'escadrilles qui fixent un point initial secondaire à leur escadrille. Donc impossible de s'égarer.

Le nôtre est à Croizilles, 10 kilomètres sud est d'Arras pour 7 h. 30. Altitude 1.800 mètres.

De cette façon chaque avion franchira les lignes à sa convenance et viendra au point fixé et à l'heure fixée, se rameuter autour du chef d'escadrille dont les armes peintes et la flamme rouge attachée au dernier montant de droite serviront de repère.

*3 heures du matin.*

Autour de la voiture météorologique les petits ballons-sonde sont lancés par le chef du service météorologique, — ils montent dans la nuit pour indiquer la direction du vent et sa vitesse — à 1.500 mètres vent Ouest-Est, à 2.000 courant Sud-Nord.

C'est tout ce qu'il nous faut.

*6 heures du matin.*

C'est le moment des derniers préparatifs.

Mon pilote, le sergent Th..., regarde ses commandes et jauge son essence.

Je vérifie ma carte, ma boussole et ma montre ainsi que les 10 obus de 90 que j'armerai et déclancherai.

Dans de pareilles randonnées il ne faut rien négliger, ni rien laisser au hasard.

*7 heures du matin.*

Nous avons franchi les lignes vers 1.500 mètres sans être trop canonnés.

Assez secoués comme remous. Temps relativement clair. Paquets de nuages clairsemés, qui nous permettent de jouer à cache-cache avec les canons anti-aériens...

On voit devant soi et au-dessous de soi, c'est la condition essentielle, primordiale, du succès de notre raid.

Nous marchons vers le Sud-Est, vers Croizilles. Devant nous des points noirs d'avions qui tournent en rond.

Ce sont les camarades de l'escadrille. — Je les compte : 5 au rendez-vous. — Donc nous sommes les derniers.

Je regarde ma montre, 7 h. 28. — 2 minutes d'avance. A l'altimètre 1.850 mètres.

Nous sommes dans les conditions voulues.

Je distingue les trèfles rouges peints sur les capots qui évoluent en rond. — Voici le trèfle barré de V..., notre chef d'escadrille. La flamme rouge claque au montant à droite.

Attentifs nous ne la lâchons pas des yeux... suivant ainsi l'ordre donné.

Et, en vrac, à une distance moyenne de 100 mètres, nous suivons, en route vers le point de Marquion, où nous allons trouver pour 7 h. 45 les 13 autres avions, avec le chef du groupe de bombardement.

*7 heures 50 du matin,*
*au-dessus de Landrecies.*

L'axe de notre marche est la grande route blanche d'Arras à Landrecies.

Les escadrilles groupées d'avance, à des intervalles de 500 mètres sont faiblement étagées de l'avant à l'arrière.

La 1re escadrille doit attaquer par le Sud-Est le hangar à dirigeable. — La seconde doit pendant ce temps bombarder le nœud de voies ferrées qui se trouve à 2 kilomètres de Maubeuge.

Quant à la 3e escadrille, la nôtre, elle se portera sur l'un des deux objectifs — et photographiera les dégâts des deux premières.

Mon œil est fixé sur le damier des cultures qui se trouvent à l'Est de la forêt de Landrecies ; et sur lequel le carré grisâtre du hangar ressort faiblement.

Belle cible de 150 mètres de long sur 20 mètres de large.

Et soudain, autour du hangar, points rouges, gerbes de flammes, flocons de fumée blanche. Ce sont les premiers obus de la *I* qui tombent.

Le tir est d'abord un peu imprécis : mais au second tour il se rapproche du but qui vraisemblablement sera atteint.

Hourrah ! Les points rouges des obus piquent la voûte grisâtre.

Je déclanche l'objectif de mon grand appareil photographique de bord...

A notre tour, nous dépassons le champ d'aviation

dont les canons anti-aériens se sont mis en action, — nous marchons vers la voie ferrée.

C'est à présent le tour de la 3 d'entrer dans la ronde.

Th..., mon pilote, s'applique à passer sur le point exact du but. L'œil sur le collimateur je vise. Et l'obus déclanché descend avec un ronflement sec dans le tube de tôle.

Nous voici sur le chemin du retour.

Le bombardement a duré en tout 35 minutes.

Il s'agit toujours de faire vite et bien.

Nos coups ont dû porter. La voie ferrée a été atteinte.

Quant au hangar à dirigeable autant que j'ai pu le voir à la lorgnette, il a été sérieusement touché et je suppose que le dirigeable à son tour doit être endommagé.

Dans la brume qui commence à flotter dans le ciel nous apercevons la 1 — qui reprend la route d'Arras, — la 2 suit à 1.000 mètres. — Puis la 3 fermant la marche.

Autant que je peux le voir à l'œil nu les 2 premières escadrilles sont intactes.

Les avions Boches qui n'avaient pas paru pendant le trajet de l'aller, commencent à se montrer.

Mais devant la force redoutable de nos 20 avions, ils restent prudemment en dehors de notre axe de marche, et se contentent de nous escorter espérant foncer sur un traînard. C'est bien là leur seule chance « d'avoir » l'un de nous.

*8 heures 20 du matin.*

Ce retour, pour Th... et moi, ne paraît pas devoir s'effectuer aussi bien que l'aller, car notre moteur vient d'avoir un ou deux ratés. Par-dessus l'épaule de Th... je regarde le compte-tours. Il marque toujours 1.180 tours...

Je suis rassuré — mais j'ai eu le trac.

Nouveaux ratés...

J'interroge Th...

— Les bougies ?... encrassement ?... trop d'huile ? »

Th... hoche la tête...

— Sais pas, mon capitaine... Le moteur faiblit — c'est la poisse.

— Combien au compte-tours ?

— 1170 seulement. Il baisse insensiblement, mais continuellement. »

Le résultat ne s'est pas fait attendre. — Nous étions environ le 3e avion derrière le chef d'escadrille : nous voici le dernier et déjà un peu à la traîne.

Petit pincement au cœur. — Arriverons-nous, même en nous traînant ?

Les avions de la 3 sont maintenant en avant et au-dessus de nous — 1800m à l'altimètre, — et brusquement un des avions de droite de la 3, pique vers le sol.

Ahuri, je regarde. — Son hélice ne tourne presque plus.

C'est la panne — la panne sèche ; car il descend rapidement vers la terre, en cherchant à atterrir en dehors de la région de forêts que nous traversons...

J'éprouve un grand serrement de cœur et une profonde pitié pour les deux pauvres bougres qui s'en vont et ne sont plus qu'une tache blanche au-dessous de nous.

Je rage en songeant à la panne bête qui nous guette à notre tour...

La 3 n'est plus qu'un point au-dessus de nos têtes.

1200 mètres à l'altimètre, et nous sommes à 15 kilomètres des lignes françaises !

Décidément la situation est grave : Th... coupe au plus court, entre Arras et Roye — c'est le point où la ligne française forme un saillant que nous allons nous efforcer d'atteindre.

Arriverons-nous ? Arriverons-nous ?

— 800 mètres à l'altimètre — nous avons fait 5 kilomètres — mais quels kilomètres ! coups de canon, coups de fusil, crépitement de mitrailleuse, — rien n'a manqué.

Th... vient d'avoir sa commande de palonnier brisée par une balle ; lui-même est blessé à la jambe.

L'avion baisse de plus en plus.

Je crois bien que cette fois nous sommes irrémédiablement f..., mais j'ose encore espérer.

— 400 mètres à l'altimètre — nous apercevons à 2 kilomètres en avant de nous les tranchées françaises.

Notre coucou flotte de plus en plus. — Le moteur bafouille — des tours complets passent sans allumage. C'est la fin.

Les coups de canon ont cessé : nous sommes trop bas. Mais la fusillade par contre fait rage.

Dans les tranchées des 4e, 3e et 2e lignes, les troupes allemandes sont sorties et nous fusillent copieusement.

Les balles claquent de partout. — Comment sommes-nous encore indemnes ?

La 1re ligne allemande est franchie à 150 mètres et devant nous s'étend entre les fils de fer un espace libre de 200 mètres labouré de trous d'obus.

Th..., la figure contractée, pâle, perdant son sang, pique brusquement, essayant de passer.

Capotage.

L'avion s'écrase à 50 mètres de la première tranchée française. Quelle guigne !

Derrière nous, hourrahs, cris de triomphe des Allemands, pendant que le tac tac tac tac des mitrailleuses se fait entendre.

Malgré cela nous ne sommes pas encore pris...

*Trou d'obus, à 50 mètres des lignes.*

La preuve en est que Th... et moi avons pu facilement nous dégager du capot et nous aplatir avec nos fourrures dans un trou d'obus qui se trouvait à 5 mètres de l'avion.

Nous sommes là depuis 9 heures du matin, at-

tendant anxieusement que la nuit vienne et nous permette de ramper jusqu'aux nôtres.

*De 9 heures du matin à 3 heures.*

Pluie de feu : obus, mitrailleuses ; notre pauvre avion a servi de cible à l'artillerie allemande et française à la fois.

Comment sommes-nous encore en vie ?

Après la guigne, c'est la veine...

Dans ces moments, on voudrait être encore plus petit, pouvoir encore plus rentrer dans le sol — et cependant nous sommes bien tassés tous les deux au fond de cet entonnoir. Vers 3 heures un obus a déterminé, à côté de nous, une explosion violente. — C'est le réservoir de notre avion qui a été touché.

J'ai même risqué un œil dehors.

Pauvre coucou. — Pulvérisé... Son martyre de chose intelligente est terminé.

L'heure avance et notre position ne cesse guère d'être plutôt critique... Attendons.

*5 heures du soir.*

La nuit descend. J'inspecte l'horizon. — Pas de projecteurs en action. Suivi de Th... qui souffre beaucoup et dont la jambe blessée devient de plus en plus lourde, je rampe vers nos lignes.

La sentinelle d'un poste d'écoute murmure impérative :

— Qui est là ?

— France, aviateurs.

Nous étions sauvés !

# TABLE DES MATIÈRES

ÉTAMPES. — IMP. « LA SEMEUSE » — 28.889

ÉDITIONS PIERRE LAFITTE

# SPORTS-BIBLIOTHÈQUE

## Collection complète en 24 Volumes

Au moment où les Sports prennent en France le plus louable développement, cette ENCYCLOPÉDIE SPORTIVE répond à la fois à un besoin évident et au désir de tous les *sportsmen*. Et déjà parmi ceux-ci les volumes de Sports-Bibliothèque font autorité, tant au point de vue technique qu'au point de vue purement documentaire.

*Dans chaque volume, 350 à 450 pages de texte et 48 à 65 planches hors-texte en simili gravure d'après la photographie.*

LISTE DES 24 VOLUMES DE LA COLLECTION

1. **Le Football**, par Gondouin et Jordan.
2. **La Boxe**, par tous les champions du ring.
3. **Les Sports d'Hiver**, par Magnus, de la Frégeolière.
4. **Les Courses à pied et les Sports athlétiques**, par de Fleurac, Failliot, etc.
5. **Le Golf**, par A. Massy.
6. **L'Escrime**, par J.-J. Renaud.
7. **L'Automobile**, par Petit et Meyan.
8. **L'Equitation et le Cheval**, par Molier.
9. **La Chasse à Tir**, par Cunisset-Carnot.
10. **La Défense dans la Rue**, par J.-J- Renaud.
11. **Les Courses de Chevaux**, par Saint-Georges.
12. **Le Cyclisme**, par M. Viollette.
13. **Le Yachting**, par Clerc-Rampal et Forest.
14. **La Lutte**, par Paul Pons.
15. **Athlétisme et Gymnastique Suédoise**, par G. Le Roy.
16. **Les Animaux de Sports**, par J. Boulenger et Henriot.
17. **La Pêche**, par Cunisset-Carnot.
18. **La Natation et le Rowing**, par Lein et G. Le Roy.
19. **L'Alpinisme**, par G. Casella.
20. **Tennis, Hockey, Balles et Boules**, par Decugis, Crivelli, de Fleurac.
21. **Education physique et Gymnastique**, par G. Le Roy.
22. **L'Aéronautique**, par Leblanc, Garros, E. Renaux, F. Barra.
23. **Le Tir**, par le Commd[t] Ferrus, Mis de Crequi-Montfort, etc.
24. **Jeux de Plein Air et d'intérieur**, par G. Le Roy.

CHAQUE VOLUME

**Broché** .. .. .. .. .. .. **6 fr.** | **Cartonné** .. .. .. .. .. **7 fr.**
**Relié pleine peau souple** .. .. .. .. .. .. .. .. .. .. .. **10 fr.**
**Hollande reliure amateur** .. .. .. .. .. .. .. .. .. .. .. **20 fr.**

ÉDITIONS PIERRE LAFITTE

# IDÉAL-BIBLIOTHÈQUE

**: : : : COLLECTION ILLUSTRÉE : : : :**
**POUVANT ÊTRE LUE PAR TOUT LE MONDE**

Dans chaque volume de 128 pages, un roman complet illustré en simili-gravure. Couverture tirée en couleurs.

OUVRAGES DÉJA PARUS :

1. A. Daudet. — **Le Petit Chose.**
2. J. Richepin. — **Braves Gens.**
3. J. Claretie. — **Le Petit Jacques.**
4. J.-H. Rosny. — **Le Testament volé.**
5. A. Theuriet. — **Le Fils Maugars.**
6. G. Flaubert. — **Cœur simple.**
7. E. de Goncourt. — **Les Frères Zemganno.**
8. A.-K. Greene. — **Le Crime de Gramercy Park.**
9. J. Sandeau. — **Mademoiselle de la Seiglière.**
10. F. Fabre. — **Julien Savignac.**
11. A. Boissière. — **La Tragique Aventure du Mime Properce.**
12. P. et V. Margueritte. — **L'Eau Souterraine.**
13. E. Poë. — **Contes Etranges.**
14. H. de Balzac. — **Eugénie Grandet.**
15. P. Adam. — **La Force.**
16. H.-G. Wells. — **L'Etrange Aventure de M. Hoopdriver.**
17. A. Capus. — **Années d'Aventures.**
18. E. Zola. — **Le Rêve.**
19. H. Sienkiewicz. — **Quo Vadis.**
20. H. Leroux. — **O mon Passé.**
21. Beyerlein. — **La Retraite.**
22. J. Lorrain. — **Ellen**
23. G. d'Annunzio. — **Les Lions Rouges.**
24. C. Lemonnier. — **Comme va le Ruisseau.**
25. G. d'Esparbès. — **Le Briseur de Fers.**
26. V. Mandelstamm. — **Un aviateur.**
27. E. Poë. — **Nouveaux Contes Etranges.**
28. J. Bertheroy. — **Le Journal de Marguerite Plantin.**
29. Conan-Doyle. — **Du Mystérieux au Tragique.**
30. H. Duvernois. — **Popote.**
31. P. Adam. — **La Ruse.**
32. J. des Gachons. — **La Maison des Dames Renoir.**
33. J.-H. Rosny. — **Vers la Toison d'Or.**
34. H. Leroux. — **Le Maître de l'Heure.**
35. M. Level. — **L'Epouvante.**
36. H. de Balzac. — **L'Auberge Rouge.**
37. G. Toudouze. — **Le Vertige de l'Inconnu.**
38. M. Forster. — **Le Baron de Heidenstamm.**
39. P. Adam. — **L'Enfant d'Austerlitz.**
40. C. Foley. — **Guilleri-Guilloré.**
41. R. Maizeroy. — **Trop jolie.**
42. H. de Balzac. — **Le Cousin Pons.**
43. H. Sienkiewicz. — **Bartek le Vainqueur.**
44. J. Claretie. — **Moi et l'Autre.**
45. J. Bertheroy. — **Les Trois Filles de Pieter Waldorp.**
46. E. Poë. — **Les Aventures d'Arthur Gordon Pym.**
47. P. Adam. — **Au Soleil de Juillet.**
48. I. Tourgueneff. — **Récits d'un Chasseur.**
49. W. Scott. — **Quentin Durward.**
50. J.-H. Rosny aîné. — **La Guerre du Feu.**
51. L. Tolstoï. — **Sébastopol.**
52. H. de Balzac. — **Une ténébreuse Affaire.**
53. A. Lichtenberger. — **La Folle Aventure.**
54. A. de Vigny. — **La Canne de Jonc.**
55. Conan-Doyle. — **La Grande Ombre.**
56. Ch. Dickens. — **Conte de Noël.**
57. Dostoïewski. — **Netochka.**
58. C. Mendès. — **Grande-Maguet.**
59. E. Haraucourt. — **La Peur.**
60. A. de Musset. — **Mimi Pinson.**
61. T. Gautier. — **Jettatura.**
62. G. d'Esparbès. — **Le Vent du Boulet.**
63. Conan-Doyle. — **Raffles Haw,** *l'Homme qui fabrique de l'or.*

**Le volume broché : 0.95. - Relié toile : 1.50**

PUBLICATIONS PIERRE LAFITTE

# Je sais tout

*MAGAZINE ENCYCLOPÉDIQUE*
*DE L'ÉNERGIE ET DE L'ACTIVITÉ NATIONALES*

**Paraît le 15 de chaque mois**

Le N° 1 fr.

*"Je sais tout"* publie *tout* :
Des études documentées sur les grandes questions : Sciences, Inventions, Armée, Marine, etc.

Le N° 1 fr.

**Le Roi des Magazines** s'est orienté dans une voie nouvelle qui paraît bien la plus indiquée pour une grande revue comme *Je sais tout.* Nous en voulons faire le " Magazine encyclopédique de l'activité et de l'énergie nationales ". La guerre a donné le goût de l'action, d'une vie plus intense, et a réveillé un besoin légitime de méthode, de recherches et d'initiative.

*Je sais tout* s'efforce de développer le goût de la lutte pour la vie, des sciences appliquées, des grands voyages, des grandes reformes sociales, des sports régénérateurs, des inventions et des découvertes modernes, des industries à créer ou à developper, des terres à exploiter, etc.

Pour réaliser ce magnifique programme, *Je sais tout* parait le 15 de chaque mois, sous la forme de volumineux fascicules à 1 fr., superbement illustrés et documentés.

Tous les grands Français qui se sont fait un nom dans une des branches de l'activité intellectuelle et physique de notre pays assurent leur collaboration à *Je sais tout.*

**Le numéro . . . . . . . . . . . . . . . . . . . 1 fr.**
**Abonnements à l'année : Etranger. 18 fr. — France. 12 fr.**
**Chaque année : 2 beaux volumes reliés . . . . . 18 fr.**

PUBLICATIONS PIERRE LAFITTE

# LA VIE AU GRAND AIR

**GRAND MAGAZINE ENCYCLOPÉDIQUE DE TOUS LES SPORTS**

**"LA VIE AU GRAND AIR"**
*paraît tous les 3 mois pendant la Guerre*

Le N° 1 fr.

**TOUS LES SPORTS :**
Automobile, Aviation, Aérostation, Bicyclette, Football, Boxe, Escrime, etc., etc.

Le N° 1 fr.

LA *Vie au Grand Air* peut s'enorgueillir de ce qu'elle est aujourd'hui *la plus ancienne* des grandes revues sportives illustrées françaises.

Fondée, en effet, il y a 20 ans, elle a aidé au développement de tous les sports : la bicyclette, l'automobile, l'aérostation et enfin l'aviation, sans oublier les sports athlétiques, etc.

La *Vie au Grand Air* a réorganisé sa rédaction de telle sorte qu'elle est vraiment à la hauteur du formidable mouvement sportif que l'on prévoit.

Imprimée avec soin et donnant un texte documenté et technique, la *Vie au Grand Air* constitue à la fois une Revue luxueusement éditée, et un Magazine dans lequel les questions intéressant les sportsmen sont étudiées de la façon la plus approfondie.

Pendant la durée de la guerre, la *Vie au Grand Air* paraît tous les trois mois sous forme d'épais fascicules de 48 pages, contenant environ moitié d'illustrations et moitié de texte, et vendus au prix modeste de 1 fr.

Aussitôt que les événements le permettront, la *Vie au Grand Air* reprendra une périodicité régulière.

**Le numéro double trimestriel .. .. .. .. 1 fr.**
**Abonnements pour 6 numéros doubles trimestriels : Etranger. 9 fr. — France. .. 6 fr.**

ÉDITIONS PIERRE LAFITTE

# SPORTS-BIBLIOTHÈQUE

## Collection complète en 24 Volumes

Au moment où les Sports prennent en France le plus louable développement, cette ENCYCLOPÉDIE SPORTIVE répond à la fois à un besoin évident et au désir de tous les sportsmen. Et déjà parmi ceux-ci les volumes de Sports-Bibliothèque font autorité, tant au point de vue technique qu'au point de vue purement documentaire.

*Dans chaque volume, 350 à 450 pages de texte et 48 à 65 planches hors-texte en simili gravure d'après la photographie.*

LISTE DES 24 VOLUMES DE LA COLLECTION

1. **Le Football**, par Gondouin et Jordan.
2. **La Boxe**, par tous les champions du ring.
3. **Les Sports d'Hiver**, par *Magnus, de la Frégeolière.*
4. **Les Courses à pied et les Sports athlétiques**, par de Fleurac, Failliot, etc.
5. **Le Golf**, par A. Massy.
6. **L'Escrime**, par J.-J. Renaud.
7. **L'Automobile**, par Petit et Meyan.
8. **L'Equitation et le Cheval**, par Molier.
9. **La Chasse à Tir**, par Cunisset-Carnot.
10. **La Défense dans la Rue**, par J.-J. Renaud.
11. **Les Courses de Chevaux**, par Saint-Georges.
12. **Le Cyclisme**, par M. Viollette.
13. **Le Yachting**, par Clerc-Rampal et Forest.
14. **La Lutte**, par Paul Pons.
15. **Athlétisme et Gymnastique Suédoise**, par G. Le Roy.
16. **Les Animaux de Sports**, par J. Boulenger et Henriot.
17. **La Pêche**, par Cunisset-Carnot.
18. **La Natation et le Rowing**, par Lein et G. Le Roy.
19. **L'Alpinisme**, par G. Casella.
20. **Tennis, Hockey, Balles et Boules**, par Decugis, Crivelli, de Fleurac.
21. **Education physique et Gymnastique**, par G. Le Roy.
22. **L'Aéronautique**, par Leblanc, Garros, E. Renaux, F. Barra.
23. **Le Tir**, par le Commd[t] Ferrus, Mis de Crequi-Montfort, etc.
24. **Jeux de Plein Air et d'intérieur**, par G. Le Roy.

CHAQUE VOLUME

**Broché** .. .. .. .. .. 6 fr. | **Cartonné** .. .. .. .. 7 fr.
**Relié pleine peau souple** .. .. .. .. .. .. .. 10 fr.
**Hollande reliure amateur** .. .. .. .. .. .. .. 20 fr.

ÉDITIONS PIERRE LAFITTE

# IDÉAL-BIBLIOTHÈQUE

*: : : : COLLECTION ILLUSTRÉE : : : :*
*POUVANT ÊTRE LUE PAR TOUT LE MONDE*

Dans chaque volume de 128 pages, un roman complet illustré en simili-gravure. Couverture tirée en couleurs.

OUVRAGES DÉJA PARUS :

1. A. Daudet. — **Le Petit Chose.**
2. J. Richepin. — **Braves Gens.**
3. J. Claretie. — **Le Petit Jacques.**
4. J.-H. Rosny. — **Le Testament volé.**
5. A. Theuriet. — **Le Fils Maugars.**
6. G. Flaubert. — **Cœur simple.**
7. E. de Goncourt. — **Les Frères Zemganno.**
8. A.-K. Greene. — **Le Crime de Gramercy Park.**
9. J. Sandeau. — **Mademoiselle de la Seiglière.**
10. F. Fabre. — **Julien Savignac.**
11. A. Boissière. — **La Tragique Aventure du Mime Properce.**
12. P. et V. Margueritte. — **L'Eau Souterraine.**
13. E. Poë. — **Contes Etranges.**
14. H. de Balzac. — **Eugénie Grandet.**
15. P. Adam. — **La Force.**
16. H.-G. Wells. — **L'Etrange Aventure de M. Hoopdriver.**
17. A. Capus. — **Années d'Aventures.**
18. E. Zola. — **Le Rêve.**
19. H. Sienkiewicz. — **Quo Vadis.**
20. H. Leroux. — **O mon Passé.**
21. Beyerlein. — **La Retraite.**
22. J. Lorrain. — **Ellen**
23. G. d'Annunzio. — **Les Lions Rouges.**
24. C. Lemonnier. — **Comme va le Ruisseau.**
25. G. d'Esparbès. — **Le Briseur de Fers.**
26. V. Mandelstamm. — **Un aviateur.**
27. E. Poë. — **Nouveaux Contes Etranges.**
28. J. Bertheroy. — **Le Journal de Marguerite Plantin.**
29. Conan-Doyle. — **Du Mystérieux au Tragique.**
30. H. Duvernois. — **Popote.**
31. P. Adam. — **La Ruse.**
32. J. des Gachons. — **La Maison des Dames Renoir.**
33. J.-H. Rosny. — **Vers la Toison d'Or.**
34. H. Leroux. — **Le Maître de l'Heure.**
35. M. Level. — **L'Epouvante.**
36. H. de Balzac. — **L'Auberge Rouge.**
37. G. Toudouze. — **Le Vertige de l'Inconnu.**
38. M. Forster. — **Le Baron de Heldenstamm.**
39. P. Adam. — **L'Enfant d'Austerlitz.**
40. C. Foley. — **Guilleri-Guilloré.**
41. R. Maizeroy. — **Trop jolie.**
42. H. de Balzac. — **Le Cousin Pons.**
43. H. Sienkiewicz. — **Bartek le Vainqueur.**
44. J. Claretie. — **Moi et l'Autre.**
45. J. Bertheroy. — **Les Trois Filles de Pieter Waldorp.**
46. E. Poë. — **Les Aventures d'Arthur Gordon Pym.**
47. P. Adam. — **Au Soleil de Juillet.**
48. I. Tourgueneff. — **Récits d'un Chasseur.**
49. W. Scott. — **Quentin Durward.**
50. J.-H. Rosny aîné. — **La Guerre du Feu.**
51. L. Tolstoï. — **Sébastopol.**
52. H. de Balzac. — **Une ténébreuse Affaire.**
53. A. Lichtenberger. — **La Folle Aventure.**
54. A. de Vigny. — **La Canne de Jonc.**
55. Conan-Doyle. — **La Grande Ombre.**
56. Ch. Dickens. — **Conte de Noël.**
57. Dostoïewski. — **Netochka.**
58. C. Mendès. — **Grande-Maguet.**
59. E. Haraucourt. — **La Peur.**
60. A. de Musset. — **Mimi Pinson.**
61. T. Gautier. — **Jettatura.**
62. G. d'Esparbès. — **Le Vent du Boulet.**
63. Conan-Doyle. — **Raffles Haw,** *l'Homme qui fabrique de l'or.*

***Le volume broché : 0.95. - Relié toile : 1.50***

PUBLICATIONS PIERRE LAFITTE

# Je sais tout

*MAGAZINE ENCYCLOPÉDIQUE*
*DE L'ÉNERGIE ET DE L'ACTIVITÉ NATIONALES*

**Paraît le 15 de chaque mois**

Le N° 1 fr.

"*Je sais tout*" publie *tout* :
Des études documentées sur les grandes questions : Sciences, Inventions, Armée, Marine, etc.

Le N° 1 fr.

Le Roi des Magazines s'est orienté dans une voie nouvelle qui paraît bien la plus indiquée pour une grande revue comme *Je sais tout*. Nous en voulons faire le " Magazine encyclopédique de l'activité et de l'énergie nationales ". La guerre a donné le goût de l'action, d'une vie plus intense, et a réveillé un besoin légitime de méthode, de recherches et d'initiative.

*Je sais tout* s'efforce de développer le goût de la lutte pour la vie, des sciences appliquées, des grands voyages, des grandes réformes sociales, des sports régénérateurs, des inventions et des découvertes modernes, des industries à créer ou à developper, des terres à exploiter, etc.

Pour réaliser ce magnifique programme, *Je sais tout* parait le 15 de chaque mois, sous la forme de volumineux fascicules à 1 fr., superbement illustrés et documentés.

Tous les grands Français qui se sont fait un nom dans une des branches de l'activité intellectuelle et physique de notre pays assurent leur collaboration à *Je sais tout*.

**Le numéro . . . . . . . . . . . . . . . . . . 1 fr.**
**Abonnements à l'année : Etranger. 18 fr. — France. 12 fr.**
**Chaque année : 2 beaux volumes reliés . . . . . 18 fr.**

PUBLICATIONS PIERRE LAFITTE

# LA VIE AU GRAND AIR

*GRAND MAGAZINE ENCYCLOPÉDIQUE DE TOUS LES SPORTS*

**"LA VIE AU GRAND AIR"**
*paraît tous les 3 mois pendant la Guerre*

Le N° 1 fr.

TOUS LES SPORTS :
Automobile, Aviation, Aérostation, Bicyclette, Football, Boxe, Escrime, etc., etc.

Le N° 1 fr.

LA *Vie au Grand Air* peut s'enorgueillir de ce qu'elle est aujourd'hui *la plus ancienne* des grandes revues sportives illustrées françaises.

Fondée, en effet, il y a 20 ans, elle a aidé au développement de tous les sports : la bicyclette, l'automobile, l'aérostation et enfin l'aviation, sans oublier les sports athlétiques, etc.

La *Vie au Grand Air* a réorganisé sa rédaction de telle sorte qu'elle est vraiment à la hauteur du formidable mouvement sportif que l'on prévoit.

Imprimée avec soin et donnant un texte documenté et technique, la *Vie au Grand Air* constitue à la fois une Revue luxueusement éditée, et un Magazine dans lequel les questions intéressant les sportsmen sont étudiées de la façon la plus approfondie.

Pendant la durée de la guerre, la *Vie au Grand Air* paraît tous les trois mois sous forme d'épais fascicules de 48 pages, contenant environ moitié d'illustrations et moitié de texte, et vendus au prix modeste de 1 fr.

Aussitôt que les événements le permettront, la *Vie au Grand Air* reprendra une périodicité régulière.

**Le numéro double trimestriel .. .. .. .. 1 fr.**
**Abonnements pour 6 numéros doubles trimestriels : Etranger. 9 fr. — France. .. 6 fr.**

ÉDITIONS PIERRE LAFITTE

# SPORTS-BIBLIOTHÈQUE

## Collection complète en 24 Volumes

Au moment où les Sports prennent en France le plus louable développement, cette ENCYCLOPÉDIE SPORTIVE répond à la fois à un besoin évident et au désir de tous les sportsmen. Et déjà parmi ceux-ci les volumes de Sports-Bibliothèque font autorité, tant au point de vue technique qu'au point de vue purement documentaire.

*Dans chaque volume, 350 à 450 pages de texte et 48 à 65 planches hors-texte en simili gravure d'après la photographie.*

LISTE DES 24 VOLUMES DE LA COLLECTION

1. **Le Football**, par Gondouin et Jordan.
2. **La Boxe**, par tous les champions du ring.
3. **Les Sports d'Hiver**, par Magnus, de la Frégeolière.
4. **Les Courses à pied et les Sports athlétiques**, par de Fleurac, Failliot, etc.
5. **Le Golf**, par A. Massy.
6. **L'Escrime**, par J.-J. Renaud.
7. **L'Automobile**, par Petit et Meyan.
8. **L'Equitation et le Cheval**, par Molier.
9. **La Chasse à Tir**, par Cunisset-Carnot.
10. **La Défense dans la Rue**, par J.-J. Renaud.
11. **Les Courses de Chevaux**, par Saint-Georges.
12. **Le Cyclisme**, par M. Violette.
13. **Le Yachting**, par Clerc-Rampal et Forest.
14. **La Lutte**, par Paul Pons.
15. **Athlétisme et Gymnastique Suédoise**, par G. Le Roy.
16. **Les Animaux de Sports**, par J. Boulenger et Henriot.
17. **La Pêche**, par Cunisset-Carnot.
18. **La Natation et le Rowing**, par Lein et G. Le Roy.
19. **L'Alpinisme**, par G. Casella.
20. **Tennis, Hockey, Balles et Boules**, par Decugis, Crivelli, de Fleurac.
21. **Education physique et Gymnastique**, par G. Le Roy.
22. **L'Aéronautique**, par Leblanc, Garros, E. Renaux, F. Barra.
23. **Le Tir**, par le Commd[t] Ferrus, Mis de Crequi-Montfort, etc.
24. **Jeux de Plein Air et d'intérieur**, par G. Le Roy.

CHAQUE VOLUME

**Broché** .. .. .. .. .. .. **6 fr.** | **Cartonné** .. .. .. .. .. **7 fr.**
**Relié pleine peau souple** .. .. .. .. .. .. .. .. .. .. **10 fr.**
**Hollande reliure amateur** .. .. .. .. .. .. .. .. .. .. **20 fr.**

ÉDITIONS PIERRE LAFITTE

# IDÉAL-BIBLIOTHÈQUE

*: : : : COLLECTION ILLUSTRÉE : : : :*
*POUVANT ÊTRE LUE PAR TOUT LE MONDE*

Dans chaque volume de 128 pages, un roman complet illustré en simili-gravure. Couverture tirée en couleurs.

OUVRAGES DÉJA PARUS :

1. A. Daudet. — **Le Petit Chose.**
2. J. Richepin. — **Braves Gens.**
3. J. Claretie. — **Le Petit Jacques.**
4. J.-H. Rosny. — **Le Testament volé.**
5. A. Theuriet. — **Le Fils Maugars.**
6. G. Flaubert. — **Cœur simple.**
7. E. de Goncourt. — **Les Frères Zemganno.**
8. A.-K. Greene. — **Le Crime de Gramercy Park.**
9. J. Sandeau. — **Mademoiselle de la Seiglière.**
10. F. Fabre. — **Julien Savignac.**
11. A. Boissière. — **La Tragique Aventure du Mime Properce.**
12. P. et V. Margueritte. — **L'Eau Souterraine.**
13. E. Poë. — **Contes Etranges.**
14. H. de Balzac. — **Eugénie Grandet.**
15. P. Adam. — **La Force.**
16. H.-G. Wells. — **L'Etrange Aventure de M. Hoopdriver.**
17. A. Capus. — **Années d'Aventures.**
18. E. Zola. — **Le Rêve.**
19. H. Sienkiewicz. — **Quo Vadis.**
20. H. Leroux. — **O mon Passé.**
21. Beyerlein. — **La Retraite.**
22. J. Lorrain. — **Ellen.**
23. G. d'Annunzio. — **Les Lions Rouges.**
24. C. Lemonnier. — **Comme va le Ruisseau.**
25. G. d'Esparbès. — **Le Briseur de Fers.**
26. V. Mandelstamm. — **Un aviateur.**
27. E. Poë. — **Nouveaux Contes Etranges.**
28. J. Bertheroy. — **Le Journal de Marguerite Plantin.**
29. Conan-Doyle. — **Du Mystérieux au Tragique.**
30. H. Duvernois. — **Popote.**
31. P. Adam. — **La Ruse.**
32. J. des Gachons. — **La Maison des Dames Renoir.**
33. J.-H. Rosny. — **Vers la Toison d'Or.**
34. H. Leroux. — **Le Maître de l'Heure.**
35. M. Level. — **L'Epouvante.**
36. H. de Balzac. — **L'Auberge Rouge.**
37. G. Toudouze. — **Le Vertige de l'Inconnu.**
38. M. Forster. — **Le Baron de Heidenstamm.**
39. P. Adam. — **L'Enfant d'Austerlitz.**
40. C. Foley. — **Guilleri-Guilloré.**
41. R. Maizeroy. — **Trop jolie.**
42. H. de Balzac. — **Le Cousin Pons.**
43. H. Sienkiewicz. — **Bartek le Vainqueur.**
44. J. Claretie. — **Moi et l'Autre.**
45. J. Bertheroy. — **Les Trois Filles de Pieter Waldorp.**
46. E. Poë. — **Les Aventures d'Arthur Gordon Pym.**
47. P. Adam. — **Au Soleil de Juillet.**
48. I. Tourgueneff. — **Récits d'un Chasseur.**
49. W. Scott. — **Quentin Durward.**
50. J.-H. Rosny aîné. — **La Guerre du Feu.**
51. I. Tolstoï. — **Sébastopol.**
52. H. de Balzac. — **Une ténébreuse Affaire.**
53. A. Lichtenberger. — **La Folle Aventure.**
54. A. de Vigny. — **La Canne de Jonc.**
55. Conan-Doyle. — **La Grande Ombre.**
56. Ch. Dickens. — **Conte de Noël.**
57. Dostoiewski. — **Netochka.**
58. C. Mendès. — **Grande-Maguet.**
59. E. Haraucourt. — **La Peur.**
60. A. de Musset. — **Mimi Pinson.**
61. T. Gautier. — **Jettatura.**
62. G. d'Esparbès. — **Le Vent du Boulet.**
63. Conan-Doyle. — **Raffles Haw,** *l'Homme qui fabrique de l'or.*

**Le volume broché : 0.95. - Relié toile : 1.50**

PUBLICATIONS PIERRE LAFITTE

# *Je sais tout*

*MAGAZINE ENCYCLOPÉDIQUE*
*DE L'ÉNERGIE ET DE L'ACTIVITÉ NATIONALES*

**Paraît le 15 de chaque mois**

Le N° 1 fr.

*"Je sais tout"* publie *tout* :
Des études documentées sur les grandes questions : Sciences, Inventions, Armée, Marine, etc.

Le N° 1 fr.

**Le Roi des Magazines** s'est orienté dans une voie nouvelle qui paraît bien la plus indiquée pour une grande revue comme *Je sais tout*. Nous en voulons faire le " Magazine encyclopédique de l'activité et de l'énergie nationales ". La guerre a donné le goût de l'action, d'une vie plus intense, et a réveillé un besoin légitime de méthode, de recherches et d'initiative.

*Je sais tout* s'efforce de développer le goût de la lutte pour la vie, des sciences appliquées, des grands voyages, des grandes réformes sociales, des sports régénérateurs, des inventions et des découvertes modernes, des industries à créer ou à developper, des terres à exploiter, etc.

Pour réaliser ce magnifique programme, *Je sais tout* parait le 15 de chaque mois, sous la forme de volumineux fascicules à 1 fr., superbement illustrés et documentés.

Tous les grands Français qui se sont fait un nom dans une des branches de l'activité intellectuelle et physique de notre pays assurent leur collaboration à *Je sais tout*.

**Le numéro . . . . . . . . . . . . . . . . . . 1 fr.**
**Abonnements à l'année : Etranger. 18 fr. — France. 12 fr.**
**Chaque année : 2 beaux volumes reliés . . . . . 18 fr.**

PUBLICATIONS PIERRE LAFITTE

# LA VIE AU GRAND AIR

***GRAND MAGAZINE ENCYCLOPÉDIQUE DE TOUS LES SPORTS***

**"LA VIE AU GRAND AIR"**
***paraît tous les 3 mois pendant la Guerre***

Le N° **1** fr.

**TOUS LES SPORTS :**
Automobile, Aviation, Aérostation, Bicyclette, Football, Boxe, Escrime, etc., etc.

Le N° **1** fr.

LA *Vie au Grand Air* peut s'enorgueillir de ce qu'elle est aujourd'hui *la plus ancienne* des grandes revues sportives illustrées françaises.

Fondée, en effet, il y a 20 ans, elle a aidé au développement de tous les sports : la bicyclette, l'automobile, l'aérostation et enfin l'aviation, sans oublier les sports athlétiques, etc.

La *Vie au Grand Air* a réorganisé sa rédaction de telle sorte qu'elle est vraiment à la hauteur du formidable mouvement sportif que l'on prévoit.

Imprimée avec soin et donnant un texte documenté et technique, la *Vie au Grand Air* constitue à la fois une Revue luxueusement éditée, et un Magazine dans lequel les questions intéressant les sportsmen sont étudiées de la façon la plus approfondie.

Pendant la durée de la guerre, la *Vie au Grand Air* parait tous les trois mois sous forme d'épais fascicules de 48 pages, contenant environ moitié d'illustrations et moitié de texte, et vendus au prix modeste de 1 fr.

Aussitôt que les événements le permettront, la *Vie au Grand Air* reprendra une périodicité régulière.

**Le numéro double trimestriel .. .. .. .. 1 fr.**
**Abonnements pour 6 numéros doubles trimestriels : Etranger. 9 fr. — France. .. 6 fr.**

**EDITIONS PIERRE LAFITTE**

**PARIS—90, Avenue des Champs-Élysées—PARIS**

JEAN RICHEPIN
de l'Académie française

**L'AILE. . . . . . . . . . . . . . 3,50**

CHARLES GENIAUX

**LES FIANCÉS DE 1914 . . . . . . 3,50**

IBANEZ DE IBERO

**UNE ENQUETE EN ALLEMAGNE . 3,50**

Sir THOMAS BARCLAY

**L'ENTENTE CORDIALE . . . . . 3,50**

GEORGES MAUREVERT

**L'ALCOOL CONTRE LA FRANCE . 3,50**

MAURICE LEBLANC

**L'ÉCLAT D'OBUS . . . . . . . . 3,50**

GASTON LEROUX

**LE CHATEAU NOIR**
**(Rouletabille à la guerre). . . . 3,50**

GASTON LEROUX et
CAMILLE DREYFUS

**ALSACE . . . . . . . . . . . . 3,50**
*Pièce en 3 actes*

J. BERNARD-WALKER

**LA VENGEANCE DU KAISER . . . 2 —**
Traduction de TEODOR DE WYZEWA

IMP. DE MATTEIS — PARIS

www.ingramcontent.com/pod-product-compliance
Ingram Content Group UK Ltd.
Pitfield, Milton Keynes, MK11 3LW, UK
UKHW021058220726
13924UKWH00005B/2141